THE LITTLE BOOK OF
WORD
SEARCHES

Dr Gareth Moore is the author of a wide range of puzzle and brain-training books for both children and adults, including *The Little Book of Sudoku* Volumes 4 and 5, *The Brain Workout*, *Train the Brain* and *The 10-Minute Brain Workout*.

He writes the monthly logic puzzle magazine *Sudoku Xtra*, as well as the popular online puzzle site <u>PuzzleMix.com</u>. He gained his Ph.D at the University of Cambridge, UK, where he taught machines to recognize the English language.

THE LITTLE BOOK OF
WORD
SEARCHES

Michael O'Mara Books Limited

First published in Great Britain in 2011 by
Michael O'Mara Books Limited
9 Lion Yard
Tremadoc Road
London SW4 7NQ

A CIP catalogue record for this book is available
from the British Library.

Papers used by Michael O'Mara Books Limited are natural, recyclable
products made from wood grown in sustainable forests. The manufacturing
processes conform to the environmental regulations of the country of origin.

ISBN: 978-1-78243-669-0

3 4 5 6 7 8 9 10

www.mombooks.com

www.drgarethmoore.com

Cover design by Deep Rehal

Designed and typeset by Gareth Moore

Printed and bound by CPI Group
(UK) Ltd, Croydon, CR0 4YY

Introduction

Word searches are a perennial puzzle favourite, and this little book is packed full of 201 of them at a range of sizes and difficulties.

Each puzzle contains a themed list of words around a different topic, with a number of words or phrases to be found in the grid. The words run either forwards or backwards in a horizontal, vertical or diagonal direction. If there are punctuation marks or spaces in the words then ignore these when looking in the grid.

Full solutions are at the back, should you need them.

Have fun!

Dr Gareth Moore (<u>www.DrGarethMoore.com</u>)

Puzzle 1: Famous Scientists

```
N S U C I N R E P O C I
G A E S R N O T W E N O
O R F T I U E S E U N F
E O N R R R E H I G P R
L G S P A A E T N D R E
I A N N A N C I S N E U
L H C A I U K S T A L D
A T D S R W L L E B P I
G Y E I A G R I I D E L
D P E H E P A A N N K C
A B O H R F R L D G T U
G F A R A D A Y T P R E
```

BELL	EINSTEIN	KEPLER
BOHR	EUCLID	LAGRANGE
COPERNICUS	FARADAY	NEWTON
CURIE	FRANKLIN	PASCAL
DARWIN	FREUD	PASTEUR
DESCARTES	GALILEO	PAULING
EDISON	HAWKING	PYTHAGORAS

Puzzle 2: Wedding Anniversaries

N	G	N	U	R	U	T	T	I	N	F	V
A	U	P	E	R	M	C	D	E	T	I	I
A	A	P	A	D	C	N	P	L	R	A	I
Y	A	A	W	O	O	L	L	E	N	N	U
P	P	R	P	M	A	O	V	A	O	I	R
E	T	P	A	T	U	L	W	T	T	H	I
A	E	I	I	G	I	O	L	H	T	C	M
R	D	N	P	S	U	M	F	E	O	U	I
L	U	L	L	A	T	S	Y	R	C	V	G
M	W	L	O	A	L	E	A	I	U	L	E
T	P	R	O	G	T	L	E	R	T	I	G
A	O	U	L	U	A	L	W	I	T	E	T

CHINA
COPPER
CORAL
COTTON
CRYSTAL
DIAMOND
FRUIT
GOLD

LEATHER
PAPER
PEARL
PLATINUM
SILVER
SUGAR
WOODEN
WOOLLEN

Puzzle 3: Edible Fish

```
N K L M H C R E P C T E
I C L E R E K C A M R M
C D O D P C R T N H C S
T I H P O C F U G P O B
P C A L A I K O L L L H
T N L C S C I R E A S A
S O I H O A D T R I F L
P R E D N U O L F C E I
K A D U C O S K I E R B
N A T H T H N D S H O U
H R P Y R O D N H O J T
R A N O M L A S C C E D
```

ANGLERFISH	PERCH
CATFISH	PLAICE
FLOUNDER	POLLOCK
HADDOCK	SALMON
HALIBUT	SNAPPER
JOHN DORY	SOLE
MACKEREL	TROUT
MONKFISH	TUNA

Puzzle 4: British Kings

D	E	M	L	H	A	R	O	L	D	J	A
N	R	A	G	D	E	D	W	E	A	D	G
C	A	E	S	D	A	I	R	M	H	E	S
R	W	E	W	T	L	L	E	T	O	R	G
C	H	A	R	L	E	S	L	R	I	F	E
D	R	N	I	H	F	P	G	C	E	L	G
D	N	A	T	S	L	E	H	T	A	A	Y
U	M	E	T	U	N	A	C	E	N	O	N
L	E	R	N	D	R	H	E	T	N	C	W
E	D	R	E	D	M	U	N	D	T	R	L
A	S	S	G	A	M	I	E	Y	D	R	Y
H	C	R	E	D	H	T	E	O	E	T	I

ALFRED
ATHELSTAN
CANUTE
CHARLES
EDGAR
EDMUND
EDRED
EDWARD

ETHELRED
GEORGE
HAROLD
HENRY
JAMES
RICHARD
STEPHEN
WILLIAM

Puzzle 5: Prisons

```
O T O M W A N D S W O R T H
E B H N L T O X B O Z M L N
O O W B Y E N T U A C A H D
S Y A W E G N A R T S E A Y
N N N S E A T C H Y R N H
Y L M E E N A W S U T X O N
M M S W D C A R D M B L I F
L A T G L S A Y O F L T H O
L A H A N M L O O O O T I O
E T W T L C R F W N B R L N
G C N E L T N A M E R F T O
N R B O C E Y B R I X T O N
T O W E R O F L O N D O N T
C A S E H H L L W B L I Y H
```

ALBANY	HANOI HILTON
ALCATRAZ	HOLLOWAY
BELMARSH	NEWGATE
BRIXTON	STRANGEWAYS
DARTMOOR	TOWER OF LONDON
FELTHAM	WANDSWORTH
FREMANTLE	WORMWOOD SCRUBS

Puzzle 6: Comic Sounds

```
A Z F H K A M P Z O P H
M Z P O P O B E Z F K Y
O P A Z O W I E W S P G
K R H R K Z F E K F S U
S C K R K A F E I K O M
T G N E C N B Y F W T T
S O S H R G U O W H I Z
O M I M U S M W O A N E
G N A B N L P K H M P F
M L B S C B O L C T L T
B R W P H N I P A N C L
T O R P O S N I K T B I
```

BANG	KACHOW	THWUNK
BIFF	KERSPLAT	WAP
BLAM	KROOM	WHAM
BOP	OOF	WHIZ
CRUNCH	SMASH	ZANG
EEYOW	SNIKT	ZAP
KABOOM	THOK	ZOWIE

Puzzle 7: Shapes

U	E	L	C	R	I	C	H	R	S	E	N
A	N	E	N	R	Z	E	A	L	E	O	O
I	C	O	O	O	P	E	T	S	G	C	G
E	E	L	G	T	O	R	P	A	T	D	A
G	L	E	A	Y	I	I	C	A	R	N	N
A	G	G	T	A	L	E	G	S	Q	O	O
Y	O	R	N	L	D	O	A	U	X	M	N
N	Y	G	E	A	N	T	P	B	R	A	K
C	L	K	P	E	T	E	A	M	E	I	I
E	R	A	U	Q	S	C	R	O	N	D	T
L	O	N	O	G	A	X	E	H	N	A	E
D	M	U	I	Z	E	P	A	R	T	D	I

CIRCLE
DECAGON
DIAMOND
ELLIPSE
HEPTAGON
HEXAGON
KITE
NONAGON

OCTAGON
PENTAGON
POLYGON
RECTANGLE
RHOMBUS
SQUARE
TRAPEZIUM
TRIANGLE

Puzzle 8: US Television Shows

T	E	N	L	F	M	E	J	R	C	D	M
R	S	T	A	R	T	R	E	K	S	O	E
R	U	I	E	E	F	I	R	N	N	P	C
D	O	K	L	G	S	O	I	K	Y	I	F
H	H	R	F	A	S	P	C	G	P	S	H
K	W	S	R	R	T	P	H	A	D	N	H
C	N	F	E	U	I	N	O	E	B	E	H
U	F	E	C	O	T	E	E	O	L	L	F
H	H	K	H	T	R	W	N	M	U	R	E
C	S	E	I	N	F	E	L	D	E	R	L
E	E	B	H	E	S	H	H	D	S	H	F
R	L	P	E	L	D	D	I	M	E	H	T

BONES
CHEERS
CHUCK
ENTOURAGE
FRASIER
FRIENDS
HEROES
HOUSE

JERICHO
NIP TUCK
NYPD BLUE
SEINFELD
STAR TREK
THE MENTALIST
THE MIDDLE
WEEDS

Puzzle 9: Currencies

```
R U O Z H F F P D O L R
R N D N L L R R B P N O
D D U R I O D B P A T E
R A O E R R T I U F H C
N D Z S A I H Y N O M T
U L N C L N D D I A A A
C K H U L N L U W R R P
N M R D O U W A U N D E
A L U O D P A O N U F N
R N B D N U S F N E Z R
F N O R U E N U R N A Y
R F U A P N R N D L N B
```

BAHT
DINAR
DOLLAR
DRACHMA
DRAM
ESCUDO
EURO
FLORIN

FRANC
KRONE
LIRA
PESO
POUND
WON
YUAN
ZLOTY

Puzzle 10: Street Signs

```
N P U E T I M I L D E E P S
K U T K Y A W E V I G I G Y
K O U N R U T U O N D N A I
N S O I U L Y Y I I I W S O
L L B E N A A P S P R P K N
P O A O W E P N P A B O R U
P W D E E O O I E R K L O C
W D N D T E H L E U C D W D
C O U S N C C E D N A P D O
U W O T E N D O B B B E A D
O N R S A P N C U R P O O Y
C Y O B D P N D M T M P R D
A O R E W H S W P B U L G B
L U V L O O H C S N H E E D
```

DEER
GIVE WAY
HUMPBACK BRIDGE
LOOSE CHIPPINGS
NO ENTRY
NO STOPPING
NO U-TURN
OLD PEOPLE

ONE-WAY
ROADWORKS
ROUNDABOUT
SCHOOL
SLOW DOWN
SPEED BUMPS
SPEED LIMIT
URBAN CLEARWAY

Puzzle 11: At the Airport

```
S B A G G A G E M N D C
X U U A Q F N N O I E G
A R A S O U C I B K P Y
N E A O E U T T G C A T
B O D Y S C A N N E R R
S T H T E X I A E H T O
O A O P I L T R V C U P
L M S R D E F A O G R S
S N A N K Y U U A C E S
I N A C T C M Q R N S A
K H I U L U G G A G E P
K T D Y A R R I V A L S
```

ARRIVALS
BAGGAGE
BODY SCANNER
CHECK-IN
CUSTOMS
DEPARTURES
DUTY FREE
FOOD

HANDLING
INSPECTION
LUGGAGE
PASSPORT
QUARANTINE
TAXI RANK
TICKET
X-RAY

Puzzle 12: Facial Features

R	E	E	S	E	H	S	A	L	E	Y	E
C	T	N	T	L	K	F	E	E	E	A	S
N	Y	E	R	E	I	E	Y	C	L	E	T
T	O	S	E	E	E	R	H	H	D	N	A
I	M	H	E	I	F	I	T	A	O	E	I
S	C	U	Y	E	N	A	E	S	S	T	I
R	T	O	E	D	E	H	E	F	O	N	W
R	T	S	B	Y	E	Y	T	N	Y	N	E
E	U	E	R	R	E	C	G	U	Y	Y	L
B	E	E	O	A	S	U	R	R	O	A	S
N	N	F	W	C	E	E	A	T	H	M	E
O	U	O	S	E	A	N	E	T	S	O	E

CHEEKS
CHIN
EARS
EYEBROWS
EYELASHES
EYES

FOREHEAD
MOUTH
NOSE
NOSTRILS
TEETH
TONGUE

Puzzle 13: Shakespeare Tragedy Characters

```
R A N T O N Y R L A K N
T L A D Y M A C B E T H
E D E S D E M O N A C D
O R A T L A O R A L A C
E A A G C O O I E P H E
M D N D D R L O O G A C
H I U A E E P L H I M A
K F R R H A O A E H L S
F R E P T N L N A H E S
L L O R I R T U E U T I
D A A U O T E S I F N O
K R S I Y O O G A I E O
```

ANTONY
CASSIO
CLEOPATRA
CORIOLANUS
DESDEMONA
GERTRUDE
HAMLET

IAGO
KING LEAR
LADY MACBETH
MACDUFF
OPHELIA
OTHELLO
POLONIUS

Puzzle 14: Flavours

L	E	E	N	L	A	T	A	I	E	E	Y
N	C	T	E	T	C	P	S	C	S	T	A
L	V	E	A	U	P	H	I	O	R	E	E
E	L	U	T	L	Y	R	R	E	H	C	N
M	I	L	E	M	O	N	A	L	L	A	V
A	U	L	A	U	C	C	S	N	L	N	A
R	V	P	Q	V	L	G	O	L	I	A	N
A	N	I	S	E	E	D	I	H	I	N	E
C	L	N	O	M	A	N	N	I	C	A	C
Y	N	P	T	C	A	Q	D	C	P	B	I
E	R	U	E	V	E	E	C	E	C	E	P
P	N	O	I	P	E	P	P	E	R	N	S

ANISEED
APPLE
BANANA
CARAMEL
CHERRY
CHOCOLATE
CINNAMON
LAVENDER

LEMON
LIQUORICE
NUTMEG
PEPPER
ROSE
SPICE
TREACLE
VANILLA

Puzzle 15: Words with 'Time' in

S	U	M	M	E	R	T	I	M	E	L	A	E	M
E	R	A	S	P	R	I	N	G	T	I	M	E	L
E	U	O	N	E	E	M	I	T	D	E	B	A	A
A	R	T	T	Y	M	Y	U	E	P	T	T	R	L
O	F	T	E	N	T	I	M	E	S	N	E	T	W
E	E	E	E	M	E	I	T	O	E	P	G	I	M
M	E	A	I	M	T	M	M	M	E	L	N	M	I
I	M	T	L	L	I	E	I	E	R	T	E	E	S
T	I	I	U	M	T	T	K	T	E	E	T	L	T
T	T	M	N	I	N	E	N	R	R	A	T	E	I
H	R	E	M	E	M	E	T	E	T	E	E	S	M
G	I	E	S	I	O	I	E	T	C	E	V	S	E
I	A	N	T	I	M	E	T	A	B	O	L	I	C
N	U	E	R	E	M	I	T	R	E	N	N	I	D

AIRTIME	MISTIME	TEATIME
ANTIMETABOLIC	MULTIMEDIA	TERMTIME
ANYTIME	NIGHTTIME	TIMEKEEPER
BEDTIME	OFTENTIMES	TIMELESS
CENTIMETRE	SOMETIME	TIMER
DINNERTIME	SPRINGTIME	UNSENTIMENTAL
DIVERTIMENTO	SUMMERTIME	WINTERTIME

Puzzle 16: That Loving Feeling

S	F	U	R	K	J	C	K	I	S	P	M
S	L	E	D	U	H	R	I	O	A	K	R
W	A	T	L	E	E	I	S	S	A	O	J
E	M	I	R	A	S	V	S	M	E	E	M
E	E	I	R	R	H	I	O	P	P	M	E
T	S	U	I	T	O	R	R	L	A	O	K
H	E	U	S	N	E	M	M	E	O	R	R
E	N	I	T	N	E	L	A	V	R	I	K
A	D	O	R	A	T	I	O	N	V	T	U
R	H	M	L	E	L	D	D	U	C	M	S
T	J	M	C	T	H	H	A	O	E	E	U
E	A	V	I	L	R	A	R	U	S	V	A

ADORATION
AMORE
CHERISH
CUDDLE
DESIRE
FLAME
JULIET
KISS

LOVE
PASSION
ROMANCE
ROMEO
SPARK
SUITOR
SWEETHEART
VALENTINE

Puzzle 17: Colours

W	E	L	W	H	I	T	E	V	I	L	O
E	C	T	O	N	B	R	O	W	N	N	E
I	W	U	L	G	C	L	O	O	R	G	M
U	E	R	L	O	I	G	R	C	R	A	L
E	A	Q	E	L	I	A	Q	E	E	I	I
C	O	U	Y	D	N	T	E	R	K	P	B
T	C	O	N	G	N	N	C	U	N	E	L
E	G	I	E	B	R	E	V	L	I	S	I
C	P	S	S	I	R	G	V	E	P	Q	L
U	I	E	N	I	R	A	M	A	U	Q	A
P	M	K	S	N	L	M	Q	N	L	L	C
W	T	E	L	O	I	V	N	A	Y	C	B

AQUAMARINE	GOLD	PINK
BEIGE	GREEN	PUCE
BLUE	INDIGO	SEPIA
BROWN	LAVENDER	SILVER
CERISE	LILAC	TURQUOISE
CERULEAN	MAGENTA	VIOLET
CREAM	OLIVE	WHITE
CYAN	ORANGE	YELLOW

Puzzle 18: UK Newspapers

```
M R N S O E C H E E C G
H R N M I B M T S I U N
G P T E N I S N S E G N
S T A R R U S E E E N A
X C E R N A I D R A U G
O R O U G R L N P V A U
I R T T E E S E X P E O
D S T C S M L P E T A R
E I N E O M I E N E T U
E T M O M I A D T B P A
T I V R O H M N N N M G
T M L U E M P I N O X T
```

EXPRESS   OBSERVER
GUARDIAN   SCOTSMAN
INDEPENDENT   STAR
MAIL   SUN
METRO   TELEGRAPH
MIRROR   TIMES

Puzzle 19: Racquet Sports

```
L L A B T E U Q C A R B
L S N N Q B X A R E A A
A N O T N I M D E E P S
B E L F N N L N A G I Q
E S T L T N A L L N D U
L S E H E T N T T O B E
D O K L S A E E E P A P
D R C E A A D N N G L E
A C A A F C U N N N L L
P A R A R B E Q I I T O
L L A B D E E P S P S T
C A S L L A B N A I Q A
```

BASQUE PELOTA
LACROSSE
PADDLEBALL
PING-PONG
QIANBALL
RACKETLON
RACQUETBALL

RAPID BALL
REAL TENNIS
SOFT TENNIS
SPEED-BALL
SPEEDMINTON
SQUASH
XARE

Puzzle 20: Ports

```
N S E R B S A S Y D O T I O
E I A C R N S A O G K I G A
T L E M A I S V E E L B L L
C O E P M R E I L O R Y Y O
T P B K S R D C P I T E B T
I I A L G N O I S P N O B R
L L L D A R R T F D A A N A
I L T S T T O T Y F R E A L
R A I G E L T S A C W E N R
F G M D E E D R E Y E N A M
E N O T S E K L O F A L I B
G S R I K R O R A P G E L I
A O E R L N K O P I T P S E
S T T C A L A I S I L T N R
```

BALTIMORE	NEW YORK
BARCELONA	NEWCASTLE
BRISTOL	ODESSA
CALAIS	PORT TALBOT
CARDIFF	RAMSGATE
DOVER	SAN DIEGO
FOLKESTONE	SYDNEY
GALLIPOLI	TRIPOLI

Puzzle 21: Jackets

```
R A O O R E Z A L B D H
S E O E N A M L O D H A
A C T Y O L A D H S C L
A A V A E R Y W O A N F
N G K F E W E T O A E O
B O F V A H N L G O R M
H U O R C I C C O A T R
D L M D K P L D C B A O
T E K C A J R E N N I D
R K A R O N A O E I O I
D M K F R E L I D A W D
N A L E N D C G F R N W
```

ANORAK

BLAZER

BODY-WARMER

BOLERO

CAGOULE

DINNER JACKET

DOLMAN

DUFFEL

MACKINTOSH

OVERALL

PARKA

RAIN

TRENCH

WINDCHEATER

Puzzle 22: UNESCO World Heritage Sites

```
D E L O E Y N A E S A C
I N O M O U N T W U Y I
G R A N D C A N Y O N T
T M W L A H A M J A T Y
U A B U S I M B E L L O
D N A L S I R E S A R F
A P A L M Y R A N O A V
K I W A L A M E K A L E
A L U N R T I G T A W N
K A Y T L S N O N S A I
I B E B R A S I L I A C
A P Y A R K B A Y E I E
```

ABU SIMBEL
ANGKOR
BRASILIA
CITY OF VENICE
EASTER ISLAND
FRASER ISLAND
GRAND CANYON

KAKADU
LAKE MALAWI
MOUNT WUYI
PALMYRA
PETRA
SIENA
TAJ MAHAL

Puzzle 23: Musicals

```
T D Y D D U B H E E Y S
H H D D H O E O C D L S
E A E S A E R G C R H E
L Q I P I L M D I S G H
I Y E M R H R G N Y T C
O E E U A O Y I A C H A
N H V E N M D D A I A V
K R I D D E M U C F N E
I C T N E R V A C L Y D
N L A C E O G A M E M M
G E R T E O L I V E R F
M I S S A I G O N H S
```

AVENUE Q
BUDDY
CATS
CHESS
CHICAGO
EVITA
GREASE
HAIR

MAMMA MIA
ME AND MY GIRL
MISS SAIGON
MY FAIR LADY
OLIVER
RENT
THE LION KING
THE PRODUCERS

Puzzle 24: Nursery Rhymes

```
L T C G C J A C K S P R A T
B S N U B S S O R C T O H I
D O C T O R F O S T E R B B
E L I T T L E B O B E E P A
D I N G D O N G B E L L W N
O T Y B A B E Y B A K C O R
D E D S I M P L E S I M O N
C G E O R G I E P O R G I E
E L O C G N I K D L O N K G
L L I J D N A K C A J L O E
Y T P M U D Y T P M U H O D
R A I N R A I N G O A W A Y
L C S A A A P I A B E G N R
E L K N I W T E L K N I W T
```

DING DONG BELL
DOCTOR FOSTER
GEORGIE PORGIE
HOT CROSS BUNS
HUMPTY DUMPTY
JACK AND JILL
JACK SPRAT

LITTLE BO-BEEP
OLD KING COLE
RAIN RAIN GO AWAY
ROCK A BYE BABY
SIMPLE SIMON
THREE BLIND MICE
TWINKLE TWINKLE

Puzzle 25: Feeling Sleepy

N	D	T	S	M	A	E	R	D	T	E	D
T	P	I	L	L	O	W	B	O	M	I	U
Y	S	I	S	W	U	E	E	B	K	S	V
A	U	H	P	E	D	M	W	K	S	K	E
A	F	O	U	T	I	C	B	E	S	N	T
D	N	O	I	T	A	N	R	E	B	I	H
R	B	M	K	T	E	T	S	D	R	W	A
O	E	C	N	S	T	Y	R	M	U	Y	I
W	A	A	O	A	T	S	E	I	S	T	E
S	P	P	M	M	E	E	C	N	A	R	T
Y	E	I	E	N	S	S	T	D	L	O	A
R	O	T	E	E	D	R	O	P	O	F	F

BEDTIME	MATTRESS
CATNAP	PILLOW
DREAM	REPOSE
DROP OFF	SACK TIME
DROWSY	SHUT EYE
DUVET	SIESTA
FORTY WINKS	SLUMBER
HIBERNATION	TRANCE

Puzzle 26: Roald Dahl

```
G N D E N R N T R H F N
N S I N E T S N C T T T
A D R E W H T A T S H H
H I T N Y G E O T E R W
A H Y D F P R I M H B M
T O B B T T W I Y C A W
E T E N O T N M T T Y T
T H A I E I E R I I L A
T I S H O S R L T W M S
G E T N T T D H A E R Y
M C S E D A N N Y H E O
D N W I P D T S S T N E
```

DANNY
DIRTY BEASTS
ESIO TROT
GIANT PEACH
MATILDA

RHYME STEW
THE BFG
THE MINIONS
THE TWITS
THE WITCHES

Puzzle 27: Double-Z Words

M	Q	G	N	I	L	Z	Z	U	N	P	D	P	Q
Z	U	O	F	R	I	Z	Z	I	E	R	A	Z	T
E	I	Z	G	N	I	L	Z	Z	U	P	Z	I	A
L	Z	Z	F	I	Z	Z	U	C	A	J	Z	U	Z
Z	Z	E	G	I	A	M	G	R	R	Z	I	W	F
Z	I	M	I	R	Z	E	A	A	Y	E	P	R	D
U	N	L	A	C	I	Z	Z	I	U	Q	B	E	G
M	G	N	I	L	Z	Z	E	B	M	E	L	I	N
N	W	T	Z	I	M	A	Z	D	C	Z	I	Z	I
U	H	G	U	A	Z	N	Z	L	Z	E	Z	Z	L
C	I	U	T	Z	Z	I	Z	A	I	Z	Z	A	Z
D	Z	A	A	Z	Z	N	D	U	Z	E	A	N	Z
I	Z	I	A	I	R	E	Z	Z	I	P	R	S	U
Z	P	B	L	Z	B	I	S	Z	B	Z	D	U	G

BEDAZZLED
BLIZZARD
EMBEZZLING
FIZZED
FRIZZIER
GRIZZLIER
GUZZLING
JACUZZI

MEZZANINE
MEZZO
NUZZLING
PAPARAZZI
PIAZZA
PIZZA
PIZZERIA
PUZZLING

QUIZZICAL
QUIZZING
RAZZMATAZZ
SNAZZIER
TIZZY
TUZZES
UNMUZZLE
WHIZZ

Puzzle 28: UK Television Channels

U	T	R	O	P	S	O	R	U	E	L	C	
R	I	H	N	L	E	E	C	Y	E	H	B	
E	C	Y	S	N	H	A	R	G	A	S	B	
U	R	U	O	F	L	E	N	N	A	H	C	
D	C	C	G	E	V	E	N	I	S	S	N	
B	B	E	V	O	L	E	C	V	E	K	E	
B	C	A	C	L	L	G	E	I	N	Y	W	
B	R	S	A	F	O	D	B	L	F	A	S	
T	I	H	I	S	W	E	N	Y	K	S	S	
D	C	V	E	H	E	M	S	K	N	L	A	
B	E	X	O	B	E	H	T	S	H	R	E	
E	S	A	C	W	O	H	S	V	U	Y	G	

BBC NEWS
BBC ONE
CBEEBIES
CHALLENGE
CHANNEL FIVE
CHANNEL FOUR
DISCOVERY
EUROSPORT

GOLD
MTV
SHOWCASE
SKY LIVING
SKY NEWS
SYFY
THE BOX
TRAVEL

Puzzle 29: Geological Eras

```
E C O N N T D E V O N I A N
U A R R O I O N S P D S Y P
Q C L E L C A S L E B U I R
A I Q N T I O I N N O O E E
B S R C R A O E A I U R N C
T S E U I C C I U R C E E A
P A L A E O C E N E C F C M
E I R N G I Z S O O E I O B
S R E I V R R O T U I N L R
I T L O I O L S E N S O O I
O O D R I L I U I A I B H A
Y R A N R E T A U Q L R I N
O E N I L A T E R T I A R Y
P R T P C I O Z O N E C P A
```

CARBONIFEROUS
CENOZOIC
CRETACEOUS
DEVONIAN
HOLOCENE
OLIGOCENE
ORDOVICIAN
PALAEOCENE

PALAEOZOIC
PLEISTOCENE
PLIOCENE
PRECAMBRIAN
QUATERNARY
SILURIAN
TERTIARY
TRIASSIC

Puzzle 30: Countries

```
I T A A N I T N E G R A E A
N S I N G A P O R E I A L A
D E N I A R K U D A K N I U
O N M O N G O L I A I I D S
N E U Q I B M A Z O M H N T
E M B N M A D A G A S C A R
S E A E N N K A U E O F L A
I Y X T A H I G D S M T R L
A U E L S S A A U M A I E I
L I E T Y R L R Z A L B Z A
V C A A A G A I P O I H T E
I N L C N L I T H U A N I A
R A I A E D N A L I Z A W S
M N B B U R K I N A F A S O
```

ARGENTINA	INDONESIA	NICARAGUA
AUSTRALIA	KAZAKHSTAN	SINGAPORE
BANGLADESH	LITHUANIA	SOMALIA
BELARUS	LUXEMBOURG	SWAZILAND
BURKINA FASO	MADAGASCAR	SWITZERLAND
CHINA	MALAYSIA	UKRAINE
ETHIOPIA	MONGOLIA	VIETNAM
ICELAND	MOZAMBIQUE	YEMEN

Puzzle 31: Jewellery

```
K T E O B R O O C H F R
G C R G I R A H T C G A
E L R N U L O C T T O M
T E A I E K E T E E N T
I E A C E C O A L L C E
C O L R U E K W K C O L
N T D E R F A L N R R M
T L T I C I F L A I O R
D E N P A A N L R C N A
R G A O T D R G I N E B
C B A N G L E B R N T A
C E E T E L U M A N K E
```

AMULET

ANKLET

ARMLET

BANGLE

BRACELET

BROOCH

CHOKER

CIRCLET

CORONET

CUFF LINK

DIADEM

EARRING

NECKLACE

PIERCING

TOERING

WATCH

Puzzle 32: Beans

```
N Y U B D E P T T L R B
A R L A P G G E B Y A M
B E O S I A V H C L C L
D R M L G L B Y B H E N
B V L O E L U A I N U A
T U U V O B L C T N I E
T S P A N L K I R D U B
I U I B P P L N H E A Y
W I N G E D B T A I T O
R B K A A R E H O D E S
N I E A E P W O C C B M
I C T A Y P N U O B O L
```

BROAD
CHICKPEA
COWPEA
HYACINTH
LABLAB
LENTIL
LUPIN

PEANUT
PIGEON PEA
SOYBEAN
STERCULIA
VELVET
WINGED
YAM

Puzzle 33: Famous Books

```
Y Y R A V O B E M A D A M S
I N S E S S Y L U M N N E T
A E A O O A A T E R A I U E
S M M D N A T E C A L N G T
N D E M S B S C A F S E E R
P N M L A R I S E L I R N A
R A M A N S W H P A E A E U
O E V E D A T A D M R K O Q
U C N L L F R A N I U A N R
E I U A O R E I A N S N E U
A M R D V L V T R A A N G O
T F R E E N I T A L E A I F
N O F B R T L T W C R A N F
L I Y E S A O N A A T Y E V
```

ANIMAL FARM
ANNA KARENINA
EMMA
EUGENE ONEGIN
FOUR QUARTETS
LOLITA
LORD OF THE FLIES

MADAME BOVARY
OF MICE AND MEN
OLIVER TWIST
SONS AND LOVERS
TREASURE ISLAND
ULYSSES
WAR AND PEACE

Puzzle 34: Historical Characters

```
R  L  E  O  N  T  R  O  T  S  K  Y  R  H
J  A  T  O  L  A  T  V  E  P  E  U  O  G
T  T  S  C  M  I  G  Y  G  N  R  R  B  I
A  T  A  E  I  I  D  L  G  E  A  I  E  E
O  I  E  O  A  T  N  A  R  T  E  G  R  L
B  L  I  K  M  C  M  O  I  U  H  A  T  A
O  A  O  R  C  E  S  O  R  E  O  G  T  R
U  T  E  P  L  O  N  U  N  E  R  A  H  R
D  H  O  R  O  E  R  R  I  I  G  R  E  E
I  E  A  K  L  C  Y  C  L  L  I  I  B  T
C  H  T  S  T  V  R  A  Y  O  U  N  R  L
C  U  O  A  I  T  I  A  H  V  E  J  U  A
A  N  B  I  I  E  O  R  M  O  A  R  C  W
I  B  I  L  L  Y  T  H  E  K  I  D  E  I
```

ATTILA THE HUN   HORATIO NELSON
BILLY THE KID   JULIUS CAESAR
BOUDICCA   LEON TROTSKY
CHARLEMAGNE   MARCO POLO
DAVY CROCKETT   ROBERT THE BRUCE
GERONIMO   WALTER RALEIGH
HENRY VIII   YURI GAGARIN

Puzzle 35: Musical Movements

```
I  D  T  R  T  N  T  G  A  V  O  T  T  E
I  P  R  E  L  U  D  E  I  T  S  O  A  R
T  N  N  E  L  S  O  N  A  T  A  C  H  U
Y  O  C  O  N  C  E  R  T  O  P  G  N  T
N  D  C  V  A  P  I  R  N  N  O  L  T  R
O  T  O  C  E  I  N  T  E  R  L  U  D  E
H  E  E  S  A  I  S  S  N  N  K  L  L  V
P  U  E  T  P  T  I  A  Q  A  A  M  A  O
M  N  A  E  N  A  A  E  T  G  C  D  R  E
Y  I  L  T  N  I  H  T  I  N  N  N  E  S
S  M  N  O  C  T  U  R  N  E  A  D  P  U
I  C  L  M  N  M  D  Q  V  A  Q  F  O  I
Y  O  D  Q  U  A  R  T  E  T  C  I  C  T
P  P  C  U  M  T  E  C  H  O  R  A  L  E
```

CANTATA	MINUET	QUARTET
CANTICLE	MOTET	QUINTET
CHORALE	NOCTURNE	RHAPSODY
CONCERTO	OPERA	SERENADE
FANTASIA	OVERTURE	SONATA
GAVOTTE	POLKA	SUITE
INTERLUDE	POLONAISE	SYMPHONY
MADRIGAL	PRELUDE	TOCCATA

Puzzle 36: Tube Lines

P	T	S	C	L	B	T	J	K	O	I	B
H	P	O	A	D	C	N	P	L	D	V	M
O	A	L	R	C	H	E	B	S	I	I	L
N	N	M	T	A	I	A	N	C	S	K	C
R	I	A	M	A	K	M	T	T	T	R	L
E	K	C	T	E	J	O	E	L	R	R	R
H	T	N	R	C	R	U	P	B	I	A	M
T	N	L	O	I	A	S	B	P	C	S	L
R	O	O	A	R	I	T	M	I	T	E	I
O	C	P	I	C	C	A	D	I	L	L	Y
N	A	T	I	L	O	P	O	R	T	E	M
O	E	S	P	E	S	A	H	D	E	H	E

BAKERLOO
CENTRAL
CIRCLE
DISTRICT
HAMMERSMITH

JUBILEE
METROPOLITAN
NORTHERN
PICCADILLY
VICTORIA

Puzzle 37: Clouds

```
S A L T O S T R A T U S
F U U S U P I M L F U U
I C T C U N A A S B P R
B T R A C T C C M O I R
R A S U R U R I U O L I
A A S R N T N O N S E C
T T S O A O S U T U U T
U A S P L O T O N N S A
S U L U M U C O R R I C
S I M R O F I T A R T S
L U N D U L A T U S I S
C S U N A L L E T S A C
```

ALTOSTRATUS
ARCUS
CASTELLANUS
CIRROCUMULUS
CIRROSTRATUS
CIRRUS
CUMULONIMBUS
FIBRATUS

INCUS
INTORTUS
LACUNOSUS
OPACUS
PILEUS
STRATIFORMIS
UNCINUS
UNDULATUS

Puzzle 38: Types of Book

```
S P O T H R I L L E R A
E H A K E E I R K K O F
O D A P E X U Y K C M Y
C D I R E C T O R Y A K
T L S C D R O B L D N T
H C N I T B B O O K C D
C I T I E I A A C O E H
M R S D H C O C C L K O
N O I T C I F N K K K F
E U E M O R E S A L T A
G E C N E R E F E R E Y
S Y R E T S Y M O R Y O
```

ATLAS
CRIME
DICTIONARY
DIRECTORY
FICTION
GUIDEBOOK
HARDBACK

HISTORY
MYSTERY
PAPERBACK
REFERENCE
ROMANCE
TEXTBOOK
THRILLER

Puzzle 39: Greek Tragedy Characters

```
E O P E N Y T M L U R T
N E H N E N P A A M P H
O E J A I N E G E H P I
N P O L S R T D I O A E
M E C C T N E L E R N H
E T A E M A O D T O O D
M I S S D C I C G T P A
A N T T T P E I D M E B
G I A E U L T M I A R U
A R T S E N M E T Y L C
U E H C A M O R D N A E
S E T S E R O C A E G H
```

AGAMEMNON
ALCESTES
ANDROMACHE
ANTIGONE
CLYTEMNESTRA
ELECTRA
HECUBA

IPHEGENIA
JOCASTA
LAERTES
MEDEA
OEDIPUS
ORESTES
PHILOCTETES

Puzzle 40: UK Battles

```
R N R H N O D L A M B N R L
C L A T O W T O N A S E B Y
R O P R E S T O N P A N S D
C C U O E I A N F L W G B E
U N O W O O O A L O N S D G
L I E S I C L I D I T I S W
L L I O K K H G T A N E T O
O I D B I E N S L G D G I R
D M U R G I A B T G I O R C
E R K D L H A O E M E R L E
N T E L N N N M U N M L I S
U M A R S T O N M O O R N T
S T A M F O R D B R I D G E
S R K D R O F L U F N R N R
```

BANNOCKBURN
BOSWORTH
CULLODEN
EDGEHILL
EDINGTON
FALKIRK
FULFORD

HASTINGS
LEWES
LINCOLN
MALDON
MARSTON MOOR
NASEBY
PRESTONPANS

SEDGEMOOR
ST ALBANS
STALLING DOWN
STAMFORD BRIDGE
STIRLING
TOWTON
WORCESTER

Puzzle 41: Elemental Gases

D	R	N	I	E	N	H	N	M	L	O	E
M	Y	H	O	R	Y	O	O	N	C	E	G
E	A	X	I	O	X	A	G	R	K	N	D
O	E	F	O	Y	E	E	R	R	C	G	E
G	N	E	G	O	R	D	Y	H	A	L	N
Y	E	E	R	G	H	P	L	H	D	L	L
L	N	M	G	X	T	O	X	G	R	D	U
E	F	L	U	O	R	I	N	E	O	N	N
N	O	N	N	I	R	A	D	O	N	Y	H
N	F	N	N	E	L	T	N	K	N	R	O
G	N	E	E	O	E	E	I	N	R	E	O
N	R	N	X	C	I	L	H	N	R	O	X

ARGON   KRYPTON
CHLORINE   NITROGEN
FLUORINE   OXYGEN
HELIUM   RADON
HYDROGEN   XENON

Puzzle 42: Queens

E	N	C	C	A	R	O	L	I	N	E	M
T	R	L	A	O	N	L	F	P	P	L	R
E	P	E	R	S	E	P	H	O	N	E	E
R	B	O	V	H	H	F	L	Y	B	L	A
I	O	P	N	E	F	E	R	T	I	T	I
N	U	A	H	L	N	A	B	Z	A	N	R
I	D	T	N	E	M	I	A	A	O	B	O
A	I	R	P	N	S	B	U	P	E	T	T
N	C	A	N	A	E	P	N	G	U	H	C
H	C	V	B	T	I	T	A	N	I	A	I
F	A	E	H	O	P	E	L	E	H	A	V
E	L	E	A	N	O	R	A	A	N	E	M

ANNE
BOUDICCA
CAROLINE
CLEOPATRA
ELEANOR
ELIZABETH
GUINEVERE
HELEN

ISABEL
MARY
NEFERTITI
PENELOPE
PERSEPHONE
SHEBA
TITANIA
VICTORIA

Puzzle 43: Safari Animals

```
N A B P E C S H C I R T S O
O R N F H Y U L C G N O I L
A N T T G O M R P Z E A A A
R A E N L H A T E E H C R F
A E U A G E T G R B A E K F
A M R H I N O C E R O S A U
E A E P T D P P A A N P L B
D L A E D A O C A P I A A L
O K L L N L P P C R K A P O
O R I E E A P R Z C D T M P
P W Y T Z G I R A F F E I O
P H N X B A H J A W N E T I
W A R T H O G S A R O P E L
T R E A L M E S G L K A N A
```

ANTELOPE	GNU	OKAPI
BUFFALO	HIPPOPOTAMUS	ORYX
CARACAL	HYENA	OSTRICH
CHEETAH	IMPALA	RHINOCEROS
ELEPHANT	JACKAL	WARTHOG
GAZELLE	LEOPARD	WILD DOG
GIRAFFE	LION	ZEBRA

Puzzle 44: Gemstones

```
T E E S I O U Q R U T Z R P
P O A V E N T U R I N E N E
I A D Q U T B E G L A C N U
U I S I U Y A E A U L I C C
T C E R R A R G R Z L T H O
A A T R O E M E A A X R E E
N R I L Y S P A M L Y I M T
Z N N E M S E R R S N N E I
A E A E A M U Q O I O E R H
N L S J L O N P U P N E A C
I I S E T I R D N A X E L A
T A I O J A D E T L R A D L
E N O T S D O O L B P T M A
E I M E N O T S N O O M Z M
```

AGATE	EMERALD	OPAL
ALEXANDRITE	JADE	PERIDOT
AQUAMARINE	JASPER	ROSE QUARTZ
AVENTURINE	LAPIS LAZULI	RUBY
BLOODSTONE	MALACHITE	TANZANITE
CARNELIAN	MOISSANITE	TIGER EYE
CHRYSOPRASE	MOONSTONE	TOURMALINE
CITRINE	ONYX	TURQUOISE

Puzzle 45: Emotions

```
O N O I T C E F F A H C D E
E G N A N N O Y A N C E N T
N N W F E C S S H D R V N A
E I O U M A U A H T Y E R N
S R R Y T F P R A A M E N G
I E R A N P Y H I S M M I E
R F Y T I L I T S O H E D R
P F W N O I T A R T S U R F
R U E N P E R S R Y T I P O
U S D E P R E S S I O N T R
S U A R A N Y H T A P M E Y
H A I B S L O A T H I N G P
E D M L I I R I A P S E D C
E E R S D G I N T E R E S T
```

AFFECTION	EMPATHY	LOATHING
ANGER	ENVY	PITY
ANNOYANCE	FRUSTRATION	PRIDE
CURIOSITY	GRATITUDE	REMORSE
DEPRESSION	HAPPINESS	SHAME
DESPAIR	HATRED	SUFFERING
DISAPPOINTMENT	HOSTILITY	SURPRISE
EMBARRASSMENT	INTEREST	WORRY

Puzzle 46: Games Consoles

B	P	E	E	D	B	S	A	V	Y	N	T
R	L	I	G	A	M	E	B	O	Y	U	D
A	A	L	A	A	E	T	B	R	R	G	T
L	Y	N	X	E	G	L	E	B	E	N	S
R	S	X	N	E	A	N	O	N	T	E	A
N	T	C	N	U	D	G	E	X	L	N	C
M	A	S	T	E	R	S	Y	S	T	E	M
N	T	R	E	A	I	W	N	E	T	O	A
X	I	T	F	S	V	S	I	Y	N	G	E
V	O	X	P	C	E	N	G	I	N	E	R
S	N	B	N	I	N	T	E	N	D	O	D
G	G	G	X	G	A	M	E	C	U	B	E

DREAMCAST	N-GAGE
GAME BOY	NINTENDO
GAMECUBE	PC ENGINE
GENESIS	PLAYSTATION
LYNX	TURBOGRAFX
MASTER SYSTEM	VIRTUAL BOY
MEGADRIVE	WII
NEO-GEO	XBOX

Puzzle 47: Regular Verbs

```
A E V O R P M I T Z D T
C C Y F I T N E D I A S
E H E C W C L S S P E E
B A K A L E E A P T T P
I L I U P A P R A C A A
R L D H R P E L E R I R
C E O C R C U L K E D A
S N H O I C F N K L A T
E G V A L E C U D E R E
D E T A R T N E C N O C
R E C O G N I S E R V E
E D A H S H E L T E R K
```

APPRECIATE	INCLUDE	SEPARATE
CALCULATE	PARK	SERVE
CHALLENGE	PAT	SHADE
CONCENTRATE	RADIATE	SHELTER
DESCRIBE	RECOGNISE	TALK
DISAPPROVE	REDUCE	TELEPHONE
IDENTIFY	REFLECT	WAIL
IMPROVE	SEARCH	ZIP

Puzzle 48: Vehicles

```
O V O I K S T E J F L A M U
A C A R R S U B I N I M M S
T I P P E R T R U C K E O R
E F B J H L E R E A M N T K
R F A T R E L L O R D A O R
C I E R N E C O E L O L R O
A A C G C Y C Z R L E P B T
M T I K C E O N F M E O I C
P N Y I S D C K A T A R K A
E B N R L H L A H L R E E R
R U N L R I A P P C U A T T
V S U C M O O W S S A B I S
A B I C Y C L E D E P O M N
N A G G O B O T A X I C C A
```

AEROPLANE	LORRY	STEAMROLLER
AMBULANCE	MILK FLOAT	TAXI
BICYCLE	MINIBUS	TIPPER TRUCK
BULLDOZER	MOPED	TOBOGGAN
CAMPER VAN	MOTORBIKE	TRACTOR
COACH	RICKSHAW	TRAIN
FIRE ENGINE	ROAD-ROLLER	TRAM
JET SKI	SPACECRAFT	UNICYCLE

Puzzle 49: Best Actor Oscar Winners

```
O D N A R B N O L R A M C E
Y C O L I N F I R T H O J L
L G T E N G L R F H J N A O
O R S P E N C E R T R A C Y
O B E N K I N G S L E Y K G
Y M H S A S S E A N P E N N
D A N I E L D A Y L E W I S
D O O G R E G O R Y P E C K
N O T O M H A N K S A A H J
S A L S A N J Y Y K O A O A
T D R O O N T G G A N C L S
Y G A R Y C O O P E R B S T
Y H H P E R A N C W A H O I
E E C I A J O H N W A Y N E
```

BEN KINGSLEY   JACK NICHOLSON
CHARLTON HESTON   JOHN WAYNE
COLIN FIRTH   MARLON BRANDO
DANIEL DAY-LEWIS   SEAN PENN
GARY COOPER   SPENCER TRACY
GREGORY PECK   TOM HANKS

Puzzle 50: Disciples

```
N U A M O M H N N P T A M M
E M B W E M O L O H T R A B
D P N A B R U T S Y O R T I
U H A P R A P T S G K J T S
J U T U P N R H B E N A H A
U L T H O M A S I L O I I M
D R M A A H U B B L M C A B
A O S A I N A N A U I T S M
S N T H A D D E U S T P N J
S A T V N P U R P H N A P L
P C L E O P A S E M A J B D
M I D I T H R W T W N G I T
S N T K S L U K E R M H B E
I W O U I C S T R E B A H M
```

ANANIAS	JUDE	PHILIP
ANDREW	LUKE	PHYGELLUS
BARNABAS	MARK	SILAS
BARTHOLOMEW	MATTHEW	SILVANUS
CLEOPAS	MATTHIAS	THADDEUS
JAMES	NICANOR	THOMAS
JOHN	PAUL	TIMON
JUDAS	PETER	URBAN

Puzzle 51: Breakfast

O	N	A	B	O	T	T	I	G	O	K	R	M	R
U	M	O	M	E	L	E	T	T	E	S	S	C	O
E	G	A	S	U	A	S	E	S	L	G	D	T	I
C	T	N	A	S	S	I	O	R	C	E	G	A	B
S	L	E	I	N	T	H	A	E	T	I	S	S	O
S	S	E	T	D	S	E	R	N	T	R	N	N	S
E	L	O	O	C	D	E	E	O	E	W	I	A	B
K	T	A	M	O	A	U	M	P	O	E	E	E	R
A	I	S	C	L	A	A	P	R	E	M	E	B	A
C	G	S	B	N	T	I	B	K	N	R	T	D	B
N	S	A	E	O	K	H	S	S	C	S	C	E	R
A	N	B	T	C	S	N	H	T	A	A	A	K	G
P	A	I	N	A	U	C	H	O	C	O	L	A	T
K	T	W	H	B	T	S	T	R	R	A	U	B	S

BACON
BAKED BEANS
BLACK PUDDING
CEREAL
CREPE
CROISSANT
EGG
HASH BROWN

KIPPERS
MUSHROOM
OMELETTE
PAIN AU CHOCOLAT
PANCAKES
SAUSAGE
TOAST
TOMATO

Puzzle 52: Greek Letters

```
A O P T T O O O O T C E
A D M O H R U A O A A E
N K B A E E B M M G C A
B O T M T H M N E I P C
M L R M A E O N G O M N
R M D C A L B B A A L A
A E O A I P P T M P P E
P P T S T M M H M P N H
P E P S I L O N A M T M
Z U N I R G E K B M M P
D D G E G O M D A T T D
E E C H I O T A I R Z T
```

ALPHA   LAMBDA
BETA   OMEGA
CHI   OMICRON
DELTA   RHO
EPSILON   SIGMA
GAMMA   THETA
IOTA   UPSILON
KAPPA   ZETA

Puzzle 53: Herbs

```
J U N I P E R P S E V I H C
R D O O W M R O W S L S A I
F K I A G A L L S P I C E L
P E I S S A I A L D Q C C A
K E T B E S R J A R U A H N
A R O N A G E R O E O P I T
F G W O N S E R A F R E C R
F U A O G S A A C T I R O O
I N M R R G L W P R C S R R
R E W O L F R E D L E U Y I
L F H T A I P O N M R T A S
I E H L Y P C F A E L Y A B
M S F M E T U R M E R I C W
E A O R C R Y E L S R A P R
```

ALFALFA	FENUGREEK	PARSLEY
ALLSPICE	GARLIC	PEPPER
BAY LEAF	HORSERADISH	ROSEMARY
CAPERS	JUNIPER	TARRAGON
CHICORY	KAFFIR LIME	TURMERIC
CHIVES	LEMONGRASS	WASABI
CILANTRO	LIQUORICE	WATERCRESS
ELDERFLOWER	OREGANO	WORMWOOD

Puzzle 54: Cereals

```
L A T S Z E C E O I E L
U C T S P N G F F E T P
P A O A O L P M T L E A
O Y T R E S U A Y A Z F
L U A G N H M R R C I R
C T A S G B W L M I A Z
F L Y R O H M O T T M O
N L O E C I R D L I W P
M S O M L A N E Y R G T
I R A L L R P O T T E W
E G E A W S A M F B C M
A T O P S L Y B R O I L
```

BARLEY
CORN
FONIO
MAIZE
OATS
PALMER'S GRASS
PEARL MILLET

RYE
SORGHUM
SPELT
TEFF
TRITICALE
WHEAT
WILD RICE

Puzzle 55: Film Directors

```
K S T C Y C L A S H G S
E R S A C U L E I G H R
S B Y R O V I S Z U S E
I P C H I T C H C O C K
K M I C O T A K D R O A
C I H E T M C E L O R D
E K E O L I R H I B S A
M M C A R B C G I N E A
E S P B E A E O P E S K
Z E U R O M E R O T E L
D K G L O E K H G T A T
E H M O A A L T M A N G
```

ALTMAN
ATTENBOROUGH
DE PALMA
HITCHCOCK
IVORY
KUBRICK
LEIGH
LOACH

LUCAS
RITCHIE
ROMERO
SCORSESE
SCOTT
SODERBERGH
SPIELBERG
ZEMECKIS

Puzzle 56: Shakespearean Historical Figures

R	C	T	S	S	T	S	A	I	H	S	J
B	S	U	I	S	S	A	C	M	A	O	U
O	O	T	F	H	Y	Y	L	Y	H	B	L
P	I	L	I	H	P	N	E	N	O	R	I
C	U	K	I	N	G	J	O	H	N	R	U
U	T	D	O	N	H	F	P	T	U	S	S
I	B	M	R	T	G	U	A	H	N	A	C
H	I	R	B	A	J	B	T	S	T	A	A
T	E	A	U	B	H	R	R	C	N	D	E
B	C	N	I	T	A	C	A	O	S	C	S
N	T	K	R	S	U	T	I	T	K	T	A
S	T	I	A	Y	C	S	T	R	N	E	R

ANTONY
ARTHUR
BOLINGBROKE
BRUTUS
CASSIUS
CLEOPATRA
HENRY

JOHN OF GAUNT
JULIUS CAESAR
KING JOHN
PHILIP
RICHARD
TIMON
TITUS

Puzzle 57: Indian States

```
S N A A L D R N A L A J
H S E D A R P R A T T U
R A Y A L A H G E M O J
N A G A L A N D O K H A
A A L A R E K O A A W A
E A H A B U A M R R R A
K H H T N S P K S N A E
S I S A S U H I K A S T
B E N I N A K K N T S A
W A R J N K J A A A A R
A O A D I A A A G K M B
R B B M M I Z O R A M B
```

ASSAM
BIHAR
GOA
JHARKHAND
KARNATAKA
KERALA
MANIPUR
MEGHALAYA

MIZORAM
NAGALAND
ORISSA
PUNJAB
RAJASTHAN
SIKKIM
UTTAR PRADESH
WEST BENGAL

Puzzle 58: Breeds of Chicken

N	N	H	O	U	D	A	N	B	P	E	L
C	A	O	G	A	C	A	E	B	A	G	E
H	N	N	T	R	M	L	W	U	U	N	G
A	U	I	O	G	U	H	H	L	I	I	H
M	R	N	H	C	N	B	A	P	U	K	O
U	I	T	O	C	N	I	M	R	T	R	R
M	C	I	A	R	O	A	P	A	B	O	N
G	O	E	R	M	C	C	S	R	H	D	N
P	L	Y	M	O	U	T	H	R	O	C	K
I	X	E	S	S	U	S	I	H	C	I	H
E	B	P	R	O	L	A	R	T	S	U	A
R	N	E	L	L	O	R	E	V	A	F	H

ANCONA
AUSTRALORP
BRAHMA
CAMPINE
COCHIN
DORKING
FAVEROLLE
HAMBURG

HOUDAN
LEGHORN
MINORCA
NEW HAMPSHIRE
ORPINGTON
PLYMOUTH ROCK
SUMATRA
SUSSEX

Puzzle 59: Edible Nuts

P	A	U	K	A	A	L	Y	I	M	A	M
T	R	U	W	U	A	E	T	A	O	B	A
L	E	A	N	A	K	O	L	A	G	P	A
N	O	A	L	N	L	C	B	Z	R	M	N
H	D	I	O	I	S	N	O	U	O	N	T
M	N	M	H	G	N	T	U	B	U	U	N
H	O	A	N	C	H	E	S	T	N	U	T
E	M	D	B	R	A	Z	I	L	D	U	C
T	L	A	B	U	T	T	E	R	N	U	T
A	A	C	U	A	T	Z	S	A	U	C	U
Z	R	A	A	P	A	S	E	I	T	A	I
A	G	M	L	H	O	P	N	U	P	D	C

ALMOND
BRAZIL
BUTTERNUT
CHESTNUT
COBNUT
GROUNDNUT
HAZELNUT

KOLA
MACADAMIA
MONKEY
PEANUT
PISTACHIO
PRALINE
WALNUT

Puzzle 60: Dinner

```
N K T U R K I S H A C F
C G K C E P A U U D I Y
H U E E R A A N Z S I T
I A R S A L A D H A S E
S G A R E T P A S T A H
U C I I Y L N Y I I Z Y
I G Z I H D D R A J Z G
I Y L H C S F O A A I S
O P R H A R U A O F P S
N I I P Y S L S S N I D
S P A G H E T T I T S T
S T R P Z N U E S H U H
```

CURRY
FAJITAS
FISH AND CHIPS
GREEK
NOODLES
PASTA
PIZZA

SALAD
SPAGHETTI
STIR FRY
SUNDAY ROAST
SUSHI
TAPAS
TURKISH

Puzzle 61: Bond Villains

N	R	G	B	S	O	M	T	L	E	I	E	X	O
N	A	E	B	E	O	O	R	V	K	D	V	B	R
M	N	Y	E	E	R	T	T	W	L	O	O	T	T
I	O	N	L	R	X	F	A	E	H	M	O	A	R
L	G	S	K	E	T	A	F	T	V	I	N	R	R
T	R	R	A	E	V	O	R	I	S	N	T	O	E
O	A	B	S	E	L	E	R	D	H	I	D	E	G
N	L	B	O	B	I	M	R	R	O	C	R	E	N
K	O	L	R	E	R	C	R	T	L	G	E	K	I
R	I	R	R	B	T	H	F	B	C	R	U	L	F
E	L	L	I	O	T	C	A	R	V	E	R	H	D
S	I	G	N	I	K	A	R	T	K	E	L	E	L
T	M	F	M	A	X	Z	O	R	I	N	V	A	O
G	E	V	O	L	R	O	L	A	R	E	N	E	G

ALEC TREVELYAN

BLOFELD

DOMINIC GREENE

ELEKTRA KING

ELLIOT CARVER

EMILIO LARGO

GENERAL ORLOV

GOLDFINGER

HUGO DRAX

KRISTATOS

LE CHIFFRE

MAX ZORIN

MILTON KREST

MR BIG

MR WHITE

ROSA KLEBB

Puzzle 62: Online Dating

```
S Y S E T H R I E A H S
P N Y H L R E F P K C I
I G A I R E D N E G T F
N N E T M B O Y R C A H
G P T S I I W E S V M I
E H O E T O M D O N E L
E O N A R A N U N G B E
I T C D N E R A A T F O
Y O S K C I S S L L I S
L B C K T P S T I I S Y
C I O E G E S R T G T T
N G S R M T T K Y N N Y
```

BIO
FAVOURITES
FLIRT
GENDER
HITS
INTEREST
KEYWORDS
LOCATION

MATCH
MESSAGE
NATIONALITY
NICKNAME
PERSONALITY
PHOTO
PING
STAR SIGN

Puzzle 63: Saints

```
S A L O H C I N S T E I N I
P A N C R A S S N J B E J E
D P N R U D A V I D T O D O
W E A I E S G S E H H T R N
E T T R U H N A O N J U A E
N E J E E Q P M B E N I N E
C R A F O N A O J R T A O A
E A M M R S S S T S I A E P
S N E R M C U R A S T E L A
L D S O O I A B N M I D L T
A R R M G S E A I W O R R R
S E N I T S U G U A A H H I
A W L E E Y R O G E R G T C
E E S N C L M I C H A E L K
```

ANDREW	GREGORY	PANCRAS
ANNE	JAMES	PATRICK
AUGUSTINE	JOAN OF ARC	PETER
CHRISTOPHER	JOHN BOSCO	SEBASTIAN
DAVID	LEONARD	THOMAS AQUINAS
ELIGIUS	MICHAEL	THOMAS MORE
GABRIEL	NICHOLAS	WENCESLAS

Puzzle 64: Horse Colours

E	Y	L	P	O	N	I	M	O	L	A	P
E	N	A	O	R	E	U	L	B	G	T	T
D	D	T	R	M	T	L	E	R	R	O	S
D	A	T	U	N	T	S	E	H	C	K	L
R	L	P	D	U	I	E	D	R	E	O	B
M	B	B	P	B	B	L	M	W	T	L	D
B	I	O	C	L	A	Y	B	A	N	K	M
C	N	T	M	B	E	A	L	D	E	U	A
T	O	N	E	C	L	G	B	O	N	R	D
O	U	I	A	D	F	A	R	S	R	R	C
L	P	P	L	P	Y	K	C	E	B	T	E
P	K	M	Y	Y	E	O	O	K	Y	P	A

ALBINO	DUN
BAY	FLEABITTEN
BLACK	MEALY
BLUE ROAN	PALOMINO
CHESTNUT	PIEBALD
CLAYBANK	PINTO
CREAM	SKEWBALD
DAPPLEGREY	SORREL

Puzzle 65: Flowers

```
P O P P Y L I L N F I W
N I S I L L Y R A M A D
O N U N L A Y C A L I L
I R N P O U A S L R A G
T I F Y S I T F I I L E
A L L N N E L S S A I R
N Y O Y R O S E D D D B
R S W I W A E I D R O E
A T E E Y R O P R N N R
C O R N F L O W E R A A
L C A L U N A P M A C D
L K L S D A F F O D I L
```

AMARYLLIS
ASTER
CAMPANULA
CARNATION
CORNFLOWER
DAFFODIL
DAISY

DANDELION
FREESIA
GERBERA
GLADIOLUS
IRIS
LILAC
LILY

PEONY
POPPY
ROSE
STOCK
SUNFLOWER
TULIP
WALLFLOWER

Puzzle 66: Cricketing Terms

W	S	H	O	R	T	L	E	G	N	R	L
N	B	R	D	E	L	W	O	B	E	U	N
F	O	L	G	P	F	I	E	L	D	E	R
R	U	O	F	E	U	S	W	K	I	D	R
E	N	L	M	E	L	O	O	C	A	P	E
R	D	I	L	K	B	E	E	U	M	L	C
I	A	L	I	T	H	I	R	D	M	A	N
P	R	L	S	E	O	R	N	A	X	O	U
M	Y	A	D	K	O	S	E	I	U	I	O
U	F	B	U	C	K	S	S	T	P	Q	B
N	N	O	D	I	M	Y	L	L	I	S	S
I	R	N	M	W	C	E	N	T	U	R	Y

BOUNCER
BOUNDARY
BOWLED
CENTURY
DUCK
FAST BOWLER
FIELDER
FOUR

FULL TOSS
HOOK
LBW
MAIDEN
NO BALL
OUT
RUN
SEAM

SHORT LEG
SILLY MID ON
SIX
SPIN
SQUARE LEG
THIRD MAN
UMPIRE
WICKETKEEPER

Puzzle 67: Gone Shopping

T	N	E	G	A	S	W	E	N	C	S	D
S	N	A	S	M	L	S	M	O	P	D	P
N	U	P	T	O	I	D	R	A	O	O	O
R	O	P	O	F	L	N	P	C	H	O	S
E	E	R	E	T	E	S	H	S	S	D	T
R	E	W	M	R	D	E	K	O	T	I	A
E	F	I	S	H	M	O	N	G	E	R	T
B	H	H	E	I	O	A	S	M	P	I	I
E	O	D	S	B	A	F	R	T	E	E	O
P	E	T	R	K	S	B	A	K	E	R	N
G	R	E	E	N	G	R	O	C	E	R	E
H	D	E	P	A	R	T	M	E	N	T	R

BAKER
BOOKSHOP
CHEMIST
CORNER SHOP
DELI
DEPARTMENT

FISHMONGER
GREENGROCER
NEWSAGENT
PET SHOP
STATIONER
SUPERMARKET

Puzzle 68: Charles Dickens

```
P E S U O H K A E L B B R C
A I M R E T R G D U P A H P
B N C A E R I N T S A R P M
A O O K S P R U A T I N M U
R E L S W S A C R S N A N R
P L S I D I T P T S H B C Y
H K I I V N C M G L I Y T I
I E C E N E A K C O L R C B
T L R H I S R Y P H F U R C
S T P R C R D T E A E D H H
L Y D A T R S O W B P G U I
P C R D H A R D T I M E S M
B O R K U E D G R D S O R E
L I T T L E D O R R I T D S
```

BARNABY RUDGE
BLEAK HOUSE
CHIMES
CHRISTMAS CAROL
DOMBEY AND SON

HARD TIMES
LITTLE DORRIT
MUDFOG PAPERS
OLIVER TWIST
PICKWICK PAPERS

Puzzle 69: Farmyard Animals

```
U C G O L C R C E U W T
C I R C L G D L G S L K
O K A S H L I P G Y H D
T L T Y L I T P E E H S
F L E E C L C K N N C O
H U O K S B N K O P T N
T B N R O O S T E R L E
H K C U D O O S K N F A
B T K T K T R G H H C S
O E H H B O N W O C R O
C C T C H H N B M A L F
R R H C C K C H S T T B
```

BULL
CALF
CAT
CHICKEN
COW
DONKEY
DUCK
GOAT

GOOSE
HEN
HORSE
LAMB
PIG
ROOSTER
SHEEP
TURKEY

Puzzle 70: Capital Cities

```
T M C A N B E R R A N L I N
A M A D R E T S M A U K R A
W E S A N T I A G O N I R I
M I G R U O B M E X U L U R
K N M S V S T S S I R A P O
O W E L L I N G T O N B M B
K T D G O E E E N L N A U I
G W S L A H S N H I W B L H
N S A E N H K S N T H A A L
A R N S P O N C U A A S L E
B E L G R A D E O R A I A D
B U A M N A D N P T B D U W
M I N S K B W U O O S D K E
I K N I S L E H B L C A E N
```

ADDIS ABABA	COPENHAGEN	PARIS
AMSTERDAM	HELSINKI	SANTIAGO
ATHENS	KUALA LUMPUR	SEOUL
BANGKOK	LONDON	STOCKHOLM
BELGRADE	LUXEMBOURG	VIENNA
BRUSSELS	MINSK	WARSAW
BUDAPEST	NAIROBI	WASHINGTON DC
CANBERRA	NEW DELHI	WELLINGTON

Puzzle 71: Welsh Counties

```
P C A E R P H I L L Y R C W
H E C W C C B N S T I P R D
R R L E E N L W I F W E E D
H E R I K P A Y L B X M R D
W D C S A N E I T H B B I C
I I E N S S N C A R T R H D
H G G E E T A M I R X O S I
T I A L S R U D O R A K H L
P O G H D Y G P S S R E G R
E N I I Y E W H S C E S I W
A R F W N E E O B E L H B Y
E F N D N S N T P N P I N Y
M O N M O U T H S H I R E Y
C N L S Y L A G W Y N E D D
```

ANGLESEY
BLAENAU GWENT
BRIDGEND
CAERPHILLY
CARDIFF
CEREDIGION
CONWY
DENBIGHSHIRE

FLINTSHIRE
GWYNEDD
MONMOUTHSHIRE
NEWPORT
PEMBROKESHIRE
POWYS
SWANSEA
WREXHAM

Puzzle 72: Boys' Names

H	T	G	O	I	G	L	S	N	E	D	I
A	T	H	H	R	C	E	O	L	A	I	C
N	L	A	A	N	H	R	P	N	U	V	S
W	E	H	T	T	A	M	I	A	E	A	W
D	A	H	G	A	R	E	T	H	M	D	H
M	H	N	V	N	L	R	S	I	E	G	U
N	C	J	A	M	E	S	B	E	L	T	M
V	I	R	T	B	S	H	L	O	R	H	P
H	M	L	O	O	G	C	P	H	R	O	H
G	R	R	O	U	C	E	U	E	M	M	R
A	N	M	H	C	M	I	M	A	T	A	E
H	R	A	N	T	S	H	H	M	M	S	Y

AARON
CHARLES
COLIN
DANIEL
DAVID
GARETH
GRAHAM
HUGH

HUMPHREY
JAMES
MATTHEW
MICHAEL
ROBERT
SEAN
STEPHEN
THOMAS

Puzzle 73: Extinct Animals

```
W E W I S H H E E M Z L W B
L D Y W S N H C O R U A O K
E L L E Z A G D E R N K C T
S E T R C Y O G E C N U A R
S E B H L U I U G I B R E V
E E Z S L T B M M E P M S C
R T L E I R V A U A P E S N
B U I L S O E L N E H I R T
I T A U R S B N R C L H E W
L B R T E Y N O I N O M L T
B N T R R G R P C I C N L I
Y L Z Z I R G N A C I X E M
E J A V A N T I G E R T T Y
R E A T H Y L A C I N E S R
```

AUROCH	MEXICAN GRIZZLY
BALI TIGER	RED GAZELLE
BLUEBUCK	SEA MINK
CUBAN CONEY	STELLER'S SEA COW
EMPEROR RAT	TARPAN
JAVAN TIGER	THYLACINE
LESSER BILBY	TULE SHREW

Puzzle 74: British Actors

```
T P N O S E E N M A I L T W
R N N E L L E K C M N A I N
A N O N A M D L O Y R A G O
W H N B N O S T A W A M M E
E S E M M A T H O M P S O N
T T I L D A S W I N T O N S
S U T S H U G H L A U R I E
K R D E S S E L B N A I R B
C S R E T L A W E I L U J I
I E M A R K R Y L A N C E J
R C O L I N F I R T H G E P
T Y R F N E H P E T S C M T
A D C D A N I E L C R A I G
P M N H T I M S E I G G A M
```

BRIAN BLESSED	JULIE WALTERS
COLIN FIRTH	LIAM NEESON
DANIEL CRAIG	MAGGIE SMITH
EMMA THOMPSON	MARK RYLANCE
EMMA WATSON	MICHAEL GAMBON
GARY OLDMAN	PATRICK STEWART
HUGH LAURIE	STEPHEN FRY
IAN MCKELLEN	TILDA SWINTON

Puzzle 75: Household Appliances

```
T G A O C D P L A Y E R
N E D V P D R E T A E H
K O N P T Y E A O R V M
C E I O M L K S D K A R
R O T S H O A A E I W E
E B O T I P M T T P O Y
T L P K L V E E I O R A
U U O M E E E L O G C L
P R T S U R F L E Y I P
M A P D N V F I E T M D
O Y A A N O O T E T U V
C T L L L M C E L I P D
```

BLU-RAY	HEATER
CD PLAYER	KETTLE
COFFEE MAKER	LAPTOP
COMPUTER	MICROWAVE
CONSOLE	RADIO
COOKER	SATELLITE
DIGITAL TV	TELEPHONE
DVD PLAYER	TELEVISION

Puzzle 76: Blues

```
T H G I N D I M U E A O
T A Z U R E D W O P K T
P R U S S I A N E E T O
E N I R A M A R T L U G
R C I R O R S U A S L I
I N E G D I R B M A C D
W R L R A Q O K U P E N
I N R N U C G C D P A I
N N O O U L O S P H R L
K T I S Y U E U N I B N
L S I T S A C A S R A S
E T L L T S L P N E L E
```

AZURE
CAMBRIDGE
CERULEAN
COBALT
GLAUCOUS
INDIGO
IRIS
MIDNIGHT

PERIWINKLE
PERSIAN
POWDER
PRUSSIAN
ROYAL
SAPPHIRE
TURQUOISE
ULTRAMARINE

Puzzle 77: Birds of the World

P	F	N	U	E	F	E	O	P	Y	A	L
I	I	O	E	U	O	F	A	R	R	V	E
G	D	J	I	V	R	S	R	D	E	R	E
O	R	E	A	M	A	G	P	I	E	P	T
O	O	R	G	B	G	R	T	R	T	N	O
S	B	P	N	N	I	U	G	N	E	P	B
E	I	N	P	A	R	R	O	T	N	Y	A
P	N	O	G	K	E	E	U	I	N	L	P
P	Y	A	E	E	G	E	F	P	I	R	N
F	B	Y	R	I	D	F	S	U	L	A	B
R	L	N	P	C	U	R	L	E	W	G	E
B	S	G	B	P	B	R	E	S	A	N	W

BUDGERIGAR
CRANE
CURLEW
GOOSE
JABIRU
LINNET
MAGPIE
OSPREY

PARROT
PENGUIN
PIGEON
PUFFIN
RAVEN
ROBIN
SWAN
TURKEY

Puzzle 78: Lakes and Lochs

```
O O P O E R E M S A R G A T
I Y O N T A R I O V O L T A
T L R A D H R I Y C E N N A
I A I G E P I N N I W E O R
K P A A U G A R A C I N E Y
A E H N M P A I L U N E A B
T I D A H N R L T M D N M E
R P R K N O A O T N E E T L
I U I O T K R A I T R R P F
N S C C I R H E O K M R E A
E H I A I O R O I R E P U S
R V B D E I K A B I R A K T
T B O D E N S E E S E N O T
I N I A R T R A H C T N O P
```

ANNECY	KOOTENAY	SUPERIOR
BAIKAL	NICARAGUA	TAHOE
BELFAST	OKANAGAN	THIRLMERE
BODENSEE	ONTARIO	TORRIDON
GRASMERE	PEIPUS	VICTORIA
ILIAMNA	PONTCHARTRAIN	VOLTA
KARIBA	RANNOCH	WINDERMERE
KATRINE	REINDEER	WINNIPEG

Puzzle 79: European Languages

```
P R H S I N R O C W E L S H
H I H C T U D I W L H H C A
S E K R S N T S C T U S N O
I C M S W A A L B A N I A N
L N I L L S X F A P G N I A
G A L I C I A N O H A A S L
N I A A S E T R A G R P I A
E N N F R N T H D M I S R T
I O F O A U U H U I A S F A
E T E M G I C E L A N D I C
U S R U G U K R A I N I A N
E E E M D N O R W E G I A N
G S E R B O C R O A T I A N
E L H R N E N E V O L S F N
```

ALBANIAN	GALICIAN	PORTUGUESE
CATALAN	GERMAN	RUSSIAN
CORNISH	HUNGARIAN	SARDINIAN
DUTCH	ICELANDIC	SERBO-CROATIAN
ENGLISH	ITALIAN	SLOVENE
ESTONIAN	LITHUANIAN	SPANISH
FAEROESE	MANX	UKRAINIAN
FRISIAN	NORWEGIAN	WELSH

Puzzle 80: Homework Excuses

```
W O D N I W T U O W E L B D
C A U G H T F I R E T S N R
U A L L I L N T A N P K R O
H W O E I E L K A I D A A P
O T T K F F H I L I S I N P
I B W H D T B T T P T E O E
Y O W E W O I M L D Y I U D
S I B L I N G T O O K I T I
U T U O K T L A A T F O O N
B O O O F R T K T T S T F S
O O N L T A O E T E H D T I
O I C I E I L L T L I O I N
T S E U T N F P T I N T M K
U S B S T I C K B R O K E E
```

BLEW OUT WINDOW
CAUGHT FIRE
DOG ATE IT
DROPPED IN SINK
LEFT IT AT HOME
LEFT ON TRAIN

RAN OUT OF TIME
SIBLING TOOK IT
SPILT INK ON IT
STOLEN
TOO BUSY
USB STICK BROKE

Puzzle 81: Bingo Calls

```
U S D C E O T R S I S R S T
I N O K E N N O K T N O W V
L E L C R A Y O C O Y O E A
U E M U O M Z D I O L D E C
M T A P C Z S E R I T E T O
N E N O S K C H T L S H S M
T Y A F E N Y T S A T T I I
N B L T N T L F M O O T X N
E D I E O E D O O N N A T G
N O V A D U D Y T R Y K E O
E O E U T O O E K O S C E F
T G C Z E T S K D I D O N A
O K L E G S E L E V E N M G
S B T O N E D O Z E N K O E
```

COMING OF AGE   ONE DOZEN
CUP OF TEA   ONE SCORE
GOODBYE TEENS   SWEET SIXTEEN
KEY OF THE DOOR   TOM'S TRICKS
KNOCK AT THE DOOR   TONY'S DEN
LEGS ELEVEN   TWO LITTLE DUCKS
MAN ALIVE   UNLUCKY FOR SOME

Puzzle 82: Entertainments

```
C G N L A M A T N D F Y T R
S S T A L T T T R I T N T C
P O H C F A I R R E A C T K
L G E I E E H E O I C I U E
A T A S O R W C C P D N W O
Y S T U R O N I I R S E O T
S D R M R B G T E S K M H C
R O E K O A R A K I U A S A
E E S M M T D T C R O M T B
C D K N O I T I B I H X E A
N O H S N C A O Y T R A P R
A R P G U S K N B M C C P E
D R R C A B T N S B R A U T
R C T N E M I M O T N A P S
```

AEROBATICS	EXHIBITION	PARTY
BUSKER	FAIR	PLAY
CABARET	FIREWORKS	PUPPET SHOW
CINEMA	KARAOKE	READING
CIRCUS	MAGICIAN	RECITATION
COMEDY	MUSIC HALL	RODEO
CONCERT	MUSICAL	SPORT
DANCERS	PANTOMIME	THEATRE

Puzzle 83: Golfers

```
Y  I  S  D  O  O  W  R  E  G  I  T  O  D
E  R  M  S  C  D  K  D  R  D  N  R  S  B
D  E  U  A  A  D  L  T  B  F  I  E  U  P
A  M  C  D  R  M  C  A  A  A  R  E  A  P
I  L  G  S  I  K  T  C  F  G  T  Y  L  A
O  A  A  R  T  A  F  O  I  K  N  A  K  T
R  P  N  O  E  E  R  O  R  E  C  O  C  B
K  D  S  W  R  G  G  B  S  R  I  I  I  R
J  L  K  G  O  A  N  T  S  T  A  L  N  A
I  O  O  O  R  O  E  O  J  E  E  N  K  D
N  N  R  C  D  W  S  R  R  W  M  R  C  L
A  R  I  N  A  N  F  N  R  M  T  A  A  E
N  A  Y  R  K  E  S  L  A  L  A  R  J  Y
T  T  T  W  R  M  T  A  A  M  P  N  I  E
```

ARNOLD PALMER	NICK FALDO
GREG NORMAN	PAT BRADLEY
IAN WOOSNAM	PAYNE STEWART
JACK NICKLAUS	SAM TORRANCE
JAMES BRAID	SERGIO GARCIA
MARK FOSTER	TIGER WOODS

Puzzle 84: Big Rivers

```
R O G A E E L I Y A C M
E E K S A N S T S N N M
G E V M E K O N G A Z A
I P P I S S I S S I M C
N T N O R T N O E A I K
N I L E N W Z I Z G E E
O C Y A Z I O O A G S N
G G C A O T N L L A I Z
S O N E R A G U L N N I
T R I O G R A N D E E E
A I U L C S U U A L Y V
M A G L O V S M I Y I T
```

AMAZON
CONGO
INDUS
LENA
MACKENZIE
MEKONG
MISSISSIPPI
MURRAY

NIGER
NILE
RIO GRANDE
TOCANTINS
VOLGA
YANGTZE
YELLOW RIVER
YENISEI

Puzzle 85: Pop Groups

```
G O A S I S E N E G C U
O M P J E D S O O Q D N
W Y E P O L N A U U U A
I E T U A B G B X E B A
E N S C R N O N O E S E
Y O H T E Y B Y A N T M
L B O N L O T C Z B A A
O X P X N I H H D O R D
C T B J S B F B M U N N
Y P O V O Y B E H I O E
L V Y Y A L P D L O C S
I B S P I C E G I R L S
```

BANGLES
BEACH BOYS
BON JOVI
BONEY M
BOYZONE
COLDPLAY
DUBSTAR
EURYTHMICS

GENESIS
MADNESS
OASIS
PET SHOP BOYS
QUEEN
SPICE GIRLS
TEXAS
WESTLIFE

Puzzle 86: Gifts

```
S O R S P E K O A T E N
K W S S E H T O L C R R
B S Y R G L O V E S A S
T O T M E N S L K E E T
S S O A C W I O W T B E
C P T K T R O R A U Y E
A E O E C I E L R H D W
R R K U K D O H F A D S
F F A P N C E N C R E E
N U E U O T I R E U T M
E M R H L N M T U R O F
N E C K L A C E Y T Y V
```

BOOK
CHOCOLATES
CLOTHES
EARRINGS
FLOWERS
GLOVES
MAKE UP
NECKLACE

PERFUME
SCARF
STATIONERY
SWEETS
TEDDY BEAR
TICKETS
UNDERWEAR
VOUCHER

Puzzle 87: Educators

```
S P H E A D M A S T E R
T R E S I V D A R R L A
E O A T R E N E O A A R
A F D A R O N T L G P O
C E M O R I C E O M I L
H S I I A O C V E T C L
E S S R D T E N S O N E
R O T C U R T S N I I S
S R R R N O T U T O R N
O A E E R S O A R I P U
A R S R A R E A D E R O
S S S S S W O L L E F C
```

ADVISER
COUNSELLOR
DOCTOR
FELLOW
GOVERNESS
HEADMASTER
HEADMISTRESS
INSTRUCTOR

LECTURER
MENTOR
PRINCIPAL
PROFESSOR
READER
TEACHER
TRAINER
TUTOR

Puzzle 88: Computers

```
E  H  M  E  T  A  I  B  T  I  M  A
N  D  B  O  M  O  E  S  A  A  P  M
A  R  C  B  D  N  V  R  C  C  U  M
N  M  O  B  B  C  M  I  C  R  O  E
T  A  D  C  P  C  N  S  T  S  N  N
D  A  D  M  A  T  T  C  H  I  C  M
P  G  B  A  O  V  E  P  A  M  C  S
M  I  C  S  R  P  I  C  P  C  N  B
A  M  H  T  S  T  P  N  A  A  N  R
I  A  I  E  T  I  S  S  U  S  T  S
O  R  A  R  C  H  I  M  E  D  E  S
R  I  E  B  C  L  A  T  A  R  I  C
```

ACORN	ENIAC
AMIGA	IBM PC
AMSTRAD	LISA
ARCHIMEDES	MACINTOSH
ATARI	RISC PC
BBC MASTER	SPECTRUM
BBC MICRO	UNIVAC

Puzzle 89: Snooker

```
S  K  C  A  L  B  H  E  L  E  T  M
L  E  W  N  R  F  E  Y  C  M  H  S
C  H  C  O  Y  O  R  H  W  W  W  R
T  N  W  I  L  U  A  S  A  E  O  N
X  N  E  S  T  L  A  S  B  P  B  I
S  Y  W  N  K  F  E  L  W  R  S  P
X  K  E  E  E  O  S  Y  H  N  I  S
H  C  I  T  M  E  C  A  R  P  P  N
N  S  Y  X  A  S  R  E  T  I  H  W
N  S  W  E  R  V  E  G  D  I  R  B
Y  E  E  E  F  A  W  E  R  N  E  E
E  S  S  E  D  B  R  I  P  E  K  E
```

BLACK	GREEN
BRIDGE	SAFETY
BROWN	SCREW
CENTURY	SPIDER
CHALK	SPIN
EXTENSION	SWERVE
FOUL	WHITE
FRAME	YELLOW

Puzzle 90: Girls' Names

```
L X A S M Y A D N T N U
J E S S I C A K I D A E
C R E A C U S S C R R S
K H K A H L A A D A E I
Y A A E E S R N A N E U
S N T R L O A L E N I O
A N E H L X H T L K A L
C A L I E O E E A R K N
N H N L S R T T I N A R
A E A C X H I T N L O T
M A D E L E I N E L A S
L R N T E K K R E S A E
```

ALEXANDRA
CAROLINE
CHARLOTTE
ELAINE
HANNAH
JESSICA
KATE
KATHERINE

KATIE
LINDSAY
LOUISE
LUCY
MADELEINE
MICHELLE
NATASHA
SARAH

Puzzle 91: Shrubs

```
T  I  E  P  F  U  C  H  S  I  A  C
F  C  L  A  E  L  A  Z  A  I  L  E
L  A  B  U  R  N  U  M  H  E  L  B
Y  L  M  K  S  R  Y  T  M  K  I  A
R  I  A  B  Y  R  Y  A  C  L  T  H
R  L  R  A  T  S  T  U  B  A  N  A
E  Y  B  L  R  I  S  E  S  V  E  W
B  I  E  O  S  Y  R  M  F  E  T  T
P  A  F  F  E  R  H  E  B  N  O  H
S  R  O  N  Y  M  M  E  E  D  P  O
A  R  O  S  E  M  A  R  Y  E  A  R
R  H  O  D  O  D  E  N  D  R  O  N
```

AZALEA
BILBERRY
BRAMBLE
CLEMATIS
FORSYTHIA
FUCHSIA
HAWTHORN
HONEYSUCKLE

LABURNUM
LAVENDER
LILAC
MYRTLE
POTENTILLA
RASPBERRY
RHODODENDRON
ROSEMARY

Puzzle 92: Cats

```
N Y A O N T B S T P M X L N
O E T A E B N X T Y A M X L
M P S A E B N X N A M I L K
R B R A L N B A A Y B E T N
R H Y E B A Y U I B H B A E
A S L T O Y G E R S O P Y H
I L I S B S S K E M R S S A
S N N S G K L S B Y E E A K
E S P T K I I A I I I S P O
T A E M Y O Y A S N I E E O
A I K A T B U A E N I M N R
M S Y R E P L N B B L A C K
B B O Y A B S X E O E I N B
N T E N Y A R Y N I E S E L
```

ABYSSINIAN
BLACK
BOMBAY
BURMESE
MANX
PERSIAN

SIAMESE
SIBERIAN
SPHYNX
TABBY
TORTOISESHELL
TOYGER

Puzzle 93: Types of Shoe

C	P	O	P	I	L	A	D	N	A	S	A
E	A	T	S	R	T	I	T	E	N	E	S
E	T	T	T	E	T	A	T	E	C	R	G
A	L	E	L	N	I	S	A	C	C	O	M
F	O	L	O	I	O	K	L	I	L	R	E
L	A	I	I	A	E	E	T	C	O	A	B
B	G	T	L	R	A	R	A	F	O	C	R
L	G	S	F	T	D	P	T	L	L	E	O
R	C	O	U	R	T	A	D	L	O	R	G
I	R	A	P	O	L	F	P	I	L	F	U
E	A	R	E	P	P	I	L	S	L	G	E
T	U	A	O	H	I	G	H	H	E	E	L

BALLET
BROGUE
CAP TOE
CLEAT
CLOG
COURT
ESPADRILLE
FLIP-FLOP

HIGH HEEL
MOCCASIN
PLATFORM
SANDAL
SLIPPER
SNEAKER
STILETTO
TRAINER

Puzzle 94: On the Internet

```
F H A D D R E S S S D P
B T E N R E H T E D U O
A M P D N A B D A O R B
R L L O C O T O R P N W
B O U L O N L G C S I P
G B U R A N S E H R A O
E G L T W W T X E T M L
G E P O E D E L N B O I
O P D N G R E R G G D A
C J A V A S C R I P T M
C H A T S O A N N F J E
W E B B R O W S E R G R
```

ADDRESS
BLOG
BROADBAND
CHAT
DOMAIN
DOWNLOAD
EMAIL

ETHERNET
FIREWALL
FTP
HTML
JAVASCRIPT
JPEG
LOGIN

NEWSGROUP
PROTOCOL
ROUTER
SEARCH ENGINE
TEXT
WEB BROWSER
WIRELESS

Puzzle 95: Months

```
A  R  M  I  N  U  U  C  N  O  B  R
C  E  F  B  M  E  O  M  I  R  E  R
I  B  E  A  M  C  N  L  J  Q  E  E
E  R  R  S  T  R  B  I  Y  U  E  B
S  C  E  O  E  T  T  R  A  I  N  M
H  B  B  B  D  X  A  P  O  N  T  E
M  E  M  B  M  U  T  A  I  T  A  T
R  S  E  N  R  E  A  I  Y  I  U  P
U  T  C  B  E  D  V  Y  L  L  G  E
B  M  E  R  C  E  D  O  N  I  U  S
Y  F  D  B  L  R  A  I  N  S  S  J
E  A  J  A  N  U  A  R  Y  U  T  R
```

APRIL	MARCH
AUGUST	MERCEDONIUS
DECEMBER	NOVEMBER
FEBRUARY	OCTOBER
JANUARY	QUINTILIS
JULY	SEPTEMBER
JUNE	SEXTILIS

Puzzle 96: Cake

```
R G N I D D E W F A I R Y P
E R M O E T T N O M E L B A
D E T A L O C O H C C G O N
C B T N R A P P L E I A W E
P N S E I B N N C N K O N T
P E E K R M L C G B D C S T
D T R A T L L E W E K A B O
L T O C M E R A D E M R I N
E A F E S B A I D T S R R E
E B K S R N S C S N T O T G
N U C E G P T I A T E T H N
E N A E U C R I E K E K D O
O D L H O H C O F F E E A P
G T B C C U P C A K E O Y S
```

ANGEL	CHEESECAKE	KENDAL MINT
APPLE	CHOCOLATE	LEMON
BAKEWELL TART	CHRISTMAS	MARBLE
BATTENBERG	COFFEE	PANETTONE
BIRTHDAY	CUPCAKE	SPONGE
BLACK FOREST	ECCLES	TEACAKE
BUNDT	FAIRY	UPSIDE-DOWN
CARROT	GINGERBREAD	WEDDING

Puzzle 97: Morning Toilet

```
H R I A O U R D E R E M
T E X F O L I A T E F O
D E O D O R A N T N T U
R E S I R U T S I O M T
A L H H I L A S O I E H
U I A O A P H T L T D W
T T M T H V H H W I O A
E O P T H B E E S D O S
I H O S R E E R L N S H
O O O U R Z R E W O H S
T A S A E X I T L C H E
P H O R A N E F S S R I
```

CONDITIONER
DEODORANT
EXFOLIATE
FLOSS
LATHER
MOISTURISER
MOUTHWASH

SHAMPOO
SHAVER
SHOWER
SOAP
TOOTHBRUSH
TOOTHPASTE
TWEEZE

Puzzle 98: Famous Diamonds

```
S J L A M A M S T E R D A M
L E N Z A E J E S S A T O E
M E H N E R N A S I M O E E
A R P K R E N M C M N A I M
A R C H D U K E J O S E P H
K L A P N K N M F R B V A V
I I E K A T F B N P I O S E
R E O S E M A M O O N L D S
D U S N C R A T S H T R A E
A A A N O Z U N O T M O N D
N R S D I S U E D O A K D C
Y N A N I L L U C S E E C A
R A T S M U I N N E L L I M
J A I Z N S K E E L I B U J
```

AMSTERDAM	JUBILEE
ARCHDUKE JOSEPH	LESOTHO PROMISE
CENTENARY	MILLENNIUM STAR
CULLINAN	MOON OF BARODA
DEEPDENE	NASSAK
EARTH STAR	NIZAM
EUREKA	OCEAN DREAM
JACOB	ORLOV

Puzzle 99: Philosophers

H	A	N	O	H	P	O	N	E	X	E	E
O	I	O	S	E	M	A	L	A	H	R	S
S	S	C	L	O	R	T	L	C	T	I	K
D	S	A	A	E	O	H	S	R	U	A	E
D	E	B	R	T	N	Z	A	A	R	T	R
R	T	S	S	O	T	S	E	L	O	L	C
E	A	I	C	E	G	S	M	E	N	O	O
T	R	C	I	A	S	A	T	K	S	V	S
A	C	N	A	U	R	E	X	O	E	O	E
I	O	A	O	X	B	T	A	A	A	R	R
C	S	R	S	R	E	S	E	O	N	X	T
S	T	F	A	C	E	N	E	S	T	A	O

ANAXAGORAS
ARISTOTLE
DESCARTES
FRANCIS BACON
KARL MARX
NIETZSCHE

ROUSSEAU
SARTRE
SENECA
SOCRATES
VOLTAIRE
XENOPHON

Puzzle 100: Lists

```
G U Y A O O A G D I S N
O C C R R E N N N C E
Y R A N O I T C I D H T
D R T N C T A T S E E Y
T L A Y A D N U A X D S
R O L L N M R E E B U T
S U O E U U L A V B L N
A A G C A B N A A N E E
H A U S N V A L Y I I T
I T E M S U L C U A T N
L H V T R Y I U O M A O
T O E N S S U M A V U C
```

AGENDA
ALMANAC
CATALOGUE
CONTENTS
DICTIONARY
INDEX
INVENTORY

ITEMS
ROLL
SCHEDULE
SYLLABUS
TABLE
THESAURUS
VOCABULARY

Puzzle 101: Wedding Planning

```
G B E I R E U N E V E T
A M U S I C E B Y R A B
T P W F L M K S W B D N
I S N R F P A G E B O Y
N O I T P E C E R O S A
C E G L D N T C M O O C
I M V F T R D Y A S O G
G D I A M S E D I R B M
L M M M I N E S G N I R
S R E W O L F U S P O N
C N C H A M P A G N E G
U M N Y C T E E C L N P
```

BRIDESMAID
BUFFET
CAKE
CAR
CHAMPAGNE
DRESS
FLOWERS
GROOM

GUEST LIST
HONEYMOON
MENU
MUSIC
PAGEBOY
RECEPTION
RINGS
VENUE

Puzzle 102: Archaeological Periods

```
C T N A E A N E C Y M C P E
N L E V A L L O I S I A N M
A G O N C L O H E D L C A E
I E B I E E I G A A I G I S
R T A A N O A L E H D T C O
U H B L N E L O T A A A A L
T L Y V Z E L I L I E H N I
S I L N H I L E T G E A G T
A N O A T O N I A H T L I H
A R N H C I T N C U I S R I
B N I L A A O N L O H C U C
L C A N G R A V E T T I A N
T H N A I R E T S U O M O G
C L A C H E U L E A N E O A
```

ACHEULEAN
ASTURIAN
AURIGNACIAN
BRONZE AGE
CHALCOLITHIC
ENEOLITHIC
GRAVETTIAN
HELLADIC

IRON AGE
LEVALLOISIAN
MAGDALENIAN
MESOLITHIC
MOUSTERIAN
MYCENAEAN
NEOBABYLONIAN
PALAEOLITHIC

Puzzle 103: Take Your Time

```
E I D I F P A U S E I I
C I E E I F E O G T N T
O N S S L U O A S T T D
M T T U D I P T E C E E
M E A I S P B R I F R B
A R N K O P M E E T R S
I L D T E I E R R E U O
D U S T S F M N A A P P
C D T S T E I K S N T E
E E I P N E R V I I I E
P O L T S S E C E R O U
N N L O S T R I K E N N
```

BREAK
COMMA
DEFERMENT
DELIBERATE
INTERLUDE
INTERMISSION
INTERRUPTION
PAUSE

PUT IT OFF
RECESS
REST
STANDSTILL
STOPPAGE
STRIKE
SUSPENSION
TAKE FIVE

Puzzle 104: Thank Yous

H	I	J	C	E	M	A	A	T	C	S	P
A	J	T	T	I	T	H	A	N	K	S	I
E	R	A	S	N	M	R	E	E	D	G	U
D	K	D	M	I	I	O	A	E	R	E	I
K	A	N	Z	G	B	C	K	G	A	F	O
I	O	S	A	I	C	A	R	G	E	H	R
I	T	T	S	D	E	D	E	E	O	A	A
T	O	A	U	G	O	K	I	I	M	R	K
O	P	C	K	R	T	T	U	I	I	I	K
S	D	K	I	D	E	K	U	J	I	S	P
H	I	S	A	K	A	M	I	R	E	T	O
E	J	H	O	D	A	G	I	R	B	O	O

ARIGATO
DANKE
DEKUJI
DOHJE
DZIEKUJE
EFHARISTO
GRACIAS
KIITOS

MERCI
OBRIGADO
SPASIBO
TACK
TAKK
TERIMAKASIH
THANKS
TODA

Puzzle 105: Fruit

```
M W U N N E A B Y T N S
E B A E A E E P I N A A
R Y L T N W N P L T N H
A R N A E O W I S A H N
S R A N C R R U N C A A
P E Y A T K M A A A E E
B B E R A A B E N A P P
E R N G R A P E L G U P
R E O E I E R A R O E B
R D M M N A H T R R N M
Y L E O E E H C Y L Y Y
P E L P P A E N I P L N
```

BANANA
BLACKBERRY
CHERRY
ELDERBERRY
GRAPE
LEMON
LYCHEE
NECTARINE

ORANGE
PEACH
PEAR
PINEAPPLE
POMEGRANATE
RASPBERRY
SATSUMA
WATERMELON

Puzzle 106: Religions

```
M A D H J A I N I S M C
M S I C I L O H T A C D
S A I T E N R I K Y O A
M D M N I I D S I D C D
C S S C A H O U A C T U
Y T I N A I T S I R H C
O H A H O O C W M S U I
D E D O D T D U R H M A
I N U C I D N A F I I A
O I J H C S U I I N J B
T O I S L A M B H U O I
I T Y M S I H K I S I C
```

BUDDHISM	JAINISM
CAO DAI	JUDAISM
CATHOLICISM	SHINTO
CHRISTIANITY	SIKHISM
CONFUCIANISM	TAOISM
HINDUISM	TENRIKYO
ISLAM	WICCA

Puzzle 107: Plants

```
C A D E R R N S M N E C
W C T G S F L O W E R R
L A C E A V S L L E R E
E C L R G S I B R R E M
F T A S E C A N S T S D
T U I C H T R H E E R D
F S N E E R G R E V E E
R E N G C U U A D N B I
V F E R U E C B L S M M
W V R A S S S E I C I S
B M E S A P L I N G L B
R I P S L E M L G T C A
```

CACTUS
CLIMBER
EVERGREEN
FLOWER
FUNGUS
GRASS
LICHEN
MOSS

PERENNIAL
SAPLING
SEEDLING
SHRUB
TREE
VEGETABLE
VINE
WEED

Puzzle 108: Constellations

A	A	D	E	M	O	R	D	N	A	S	A
S	U	C	E	N	T	A	U	R	U	S	A
A	R	O	J	A	M	S	I	N	A	C	C
D	R	S	O	S	C	I	R	G	R	A	A
S	A	E	I	D	O	O	I	O	R	N	S
U	E	X	I	A	C	T	N	B	A	I	S
I	Y	I	S	I	T	I	I	O	P	S	I
P	I	N	R	A	M	L	M	N	S	M	O
R	N	P	R	A	I	S	E	C	S	I	P
O	A	I	S	E	I	I	G	Y	O	N	E
C	U	R	S	A	M	A	J	O	R	O	I
S	U	I	R	A	U	Q	A	J	A	R	A

ANDROMEDA
AQUARIUS
ARIES
CANIS MAJOR
CANIS MINOR
CAPRICORNUS
CASSIOPEIA
CENTAURUS

GEMINI
LIBRA
PISCES
PYXIS
SAGITTARIUS
SCORPIUS
URSA MAJOR
URSA MINOR

Puzzle 109: Types of Adder

```
R A D N A S F R A W D F
Y H T E F D F M F U R P
N D O U S E U E M A F E
M E F M H O P S W P D R
C N G O B T N D E N D I
Y R D U E I A G H G M N
C O O N N U C E N M O G
O H F T Q G I N D O A U
M Y W A T E R N I C L E
M N M I E I F E D G D Y
O A N N E D A O B M H S
N M R D M A B A E A S T
```

AFRICAN PUFF
BERG
COMMON
DEAF
DEATH
DWARF SAND
LONG-NOSED

MANY-HORNED
MOUNTAIN
MUD
NAMAQUA DWARF
PERINGUEY'S
RHOMBIC NIGHT
WATER

Puzzle 110: Island Groups

```
S N B D L E E W A R D D
D R A W D N I W D A I E
I H L D P I F I E F R C
F H E I E P U O A H W N
D A A O I P L L E M D L
A C R W T I K B A B R A
O A I A A L R R E V W A
F N C N A I S E G B U N
I A E N D H I E E D E T
J R D E A P I A A E P P
I Y S L N Y I O N I A N
Y T L A Y O L I A I S T
```

AEGEAN
AEOLIAN
BALEARIC
CANARY
FALKLAND
FAROE
FIJI
HAWAIIAN

HEBRIDES
IONIAN
LEEWARD
LOYALTY
MARSHALL
PHILIPPINE
TUVALU
WINDWARD

Puzzle 111: Photography

```
R P E T F H M E O W S R T L
S R L N O A R W N O L V T I
E U E W I A D M E C G H E D
E S C T V I L T T G G N L R
S L D O F I E O S R N E E T
D H P A F C E I O E I T P F
A L F N N S O W G F T P H O
F A V I U U T G F U T E O L
I O S G U E N O H I E E T D
O X T A T O H S P A N S O S
E S R L S T S L W A G D L N
T H E X P O S U R E I A E L
N E P E T M A C R O V E N R
W I D E A N G L E L E N S C
```

CRANE	SHUTTER
DEPTH OF FIELD	SNAPSHOT
EXPOSURE	TELEPHOTO LENS
FILM	TRIPOD
FOCUS	VIEWFINDER
F-STOP	VIGNETTING
MACRO	WIDE-ANGLE LENS

Puzzle 112: Potatoes

```
O A T F D M D O R D N U D R
L S N P A U K T E K C O R A
N Y A I I Y K F T D L O O D
R E D N O W N E D L O G F E
E R R K T U I A O S C P G S
P P A F M E P L T F R C N I
I S W I R A S E J E Y A I R
P O D R E R R A M A R O L E
S A E A M A R I S P E E R E
I C G P E C E R S P E R A K
R C N P P R K D R B D K C M
A O I L E T T O L R A H C P
M R K E C B A Y N O M R A H
E D M A R F O N A M O R D Y
```

ACCORD
ANYA
CARA
CARLINGFORD
CHARLOTTE
DESIREE
DUKE OF YORK
DUNDROD

GOLDEN WONDER
HARMONY
KERR'S PINK
KING EDWARD
MARFONA
MARIS BARD
MARIS PEER
MARIS PIPER

OSPREY
PINK FIR APPLE
PREMIERE
ROCKET
ROMANO
ROOSTER
SANTE
WILJA

Puzzle 113: Clothing

```
S N C R A M L R T E A O
S U S R E S U O R T H K
C G G N A G I D R A C A
I S N Y P R K I M O N O
N E I O E Y H C R C S L
U K G H R S J F U T H C
T C G C T A R A H S O I
R L E N I J S E M I R L
I B L O U S E S J A T K
K M K P R E T A E W S N
S F L E E C E J N R B T
T N O S U P A N T S D T
```

BLOUSE	JERSEY	SHORTS
CARDIGAN	KIMONO	SKIRT
CLOAK	LEGGINGS	SWEATER
DRESS	PANTS	TROUSERS
FLEECE	PONCHO	T-SHIRT
FROCK	PYJAMAS	TUNIC
JEANS	SARONG	WAISTCOAT

Puzzle 114: Architectural Styles

```
C C E M O D E R N I S T
D O E U Q O R A B E I O
O R D I O N I C D C N O
R I C R Y R A W J B N L
I N B O O Y A A Y O A C
C T E T L R C Z G C I I
T H C N D O A N I N G H
N I E I B N N S E E R T
V A A E T I S I Z G O O
A N A I D A L L A P E G
T N N I L B S C I L G R
N E C C R N A M R O N D
```

BAROQUE	GOTHIC
BYZANTINE	IONIC
CLASSICAL	JACOBEAN
COLONIAL	MODERNIST
CORINTHIAN	NORMAN
DORIC	PALLADIAN
EDWARDIAN	REGENCY
GEORGIAN	VICTORIAN

Puzzle 115: Computer Accessories

```
O E E L I P R I N T E R
C T V O W E B C A M R C
R O T I N O M D E C Y K
E C M N R N V K S M O E
U H A R D D R I V E L Y
V C A T D O D A R B D B
S R P R W Y P C A Y Y O
T E I T P T R C O E R A
O V E P R O C E S S O R
E N O H P O R C I M M D
C L T A B L E T R O E R
F T D I O I E S U O M P
```

CABLE
CD-DRIVE
DVD-DRIVE
FLOPPY-DISC
HARD-DRIVE
KEYBOARD
MEMORY
MICROPHONE

MONITOR
MOUSE
NETWORK
PRINTER
PROCESSOR
SCANNER
TABLET
WEBCAM

Puzzle 116: Types of Tree

O	S	L	B	A	N	A	N	A	N	R	E
B	H	E	S	R	T	C	B	I	R	C	H
Y	C	P	Q	S	U	C	H	O	O	E	E
T	E	L	T	U	N	T	S	E	H	C	B
N	E	P	C	T	O	S	Y	L	R	U	O
A	B	R	B	P	C	I	C	D	D	R	N
E	P	I	C	Y	O	A	A	E	L	P	Y
H	P	R	N	L	C	E	M	R	D	S	F
P	I	A	I	A	I	L	O	N	G	A	M
A	N	V	C	C	Y	P	R	E	S	S	R
L	E	I	U	U	O	I	E	L	P	P	A
M	A	P	L	E	F	T	A	E	S	P	B

ACACIA	CHERRY	MAGNOLIA
APPLE	CHESTNUT	MAPLE
APRICOT	COCONUT	OLIVE
ASPEN	CYPRESS	PALM
BANANA	EBONY	PINE
BEECH	ELDER	SEQUOIA
BIRCH	EUCALYPTUS	SPRUCE
CEDAR	FIR	SYCAMORE

Puzzle 117: Roman Gods

```
S R L R O S A P Y S Y A
S J E N I P R E S O R P
N E U T A V E N U S U O
T J R M I N E R V A C L
U S J E A P N S L N R L
A B A C C H U S T V E O
C R L T A T T J I A M A
D U O T U L P S A A D R
V I V L M R E R I N I O
S E P S F A N A I D U B
S A N U N U R R B Y A S
L L N I C L H S E C S R
```

APOLLO	JUNO	PLUTO
BACCHUS	JUPITER	PLUTUS
CERES	MAIA	PROSERPINE
CUPID	MARS	SATURN
DIANA	MERCURY	VENUS
FLORA	MINERVA	VESTA
JANUS	NEPTUNE	VULCAN

Puzzle 118: Leathers

```
E H M O R N P T S H U E
E E R O E N A B O P N P
D O A S C I I I C A L F
N N F C U H H R C T L F
C I H N N E A E O E S U
E K K A E W D M R N O B
A S P S H C S E O T K O
H P B I R E V O M I X O
A E D I H E S R O H S H
I E H A H R E I I N H T
W H P C N T A D H O E O
P S T N A V E L T D S C
```

BUFF
CALF
CHAMOIS
CHEVEREL
DEERSKIN
HORSEHIDE
LEVANT
MOCHA

MOROCCO
NAPPA
OXHIDE
PATENT
RAWHIDE
ROAN
SHEEPSKIN
SUEDE

Puzzle 119: Vegetables

S	E	N	D	I	V	E	B	U	A	T	A
C	H	S	I	D	A	R	E	S	R	O	H
R	T	E	E	H	O	N	P	V	E	S	S
H	T	C	H	C	I	A	T	C	W	P	A
C	E	S	C	K	R	P	U	E	O	P	U
A	C	O	P	A	I	T	E	T	L	L	Q
N	L	M	G	N	T	T	A	V	F	A	S
I	U	U	S	E	C	T	I	V	I	C	S
P	S	R	L	O	O	D	E	H	L	A	E
S	A	O	R	E	B	M	U	C	U	C	R
P	H	N	S	I	O	H	C	K	A	P	C
H	P	S	P	I	N	R	U	T	C	O	P

ASPARAGUS
BROCCOLI
CAULIFLOWER
CRESS
CUCUMBER
ENDIVE
HORSERADISH
LETTUCE

PAK CHOI
PARSNIP
POTATO
PUMPKIN
SPINACH
SQUASH
SWEETCORN
TURNIP

Puzzle 120: Cocktails

```
I O I N I L L E B B S N
D O L D E N A T L E N A
P C H I V S S O A Y O T
I A V L R I O B C D W T
N V V I E D R R K A B A
K E E B Y E L R V I A H
L L N M E C L N E Q L N
A L A Z Z A B M L U L A
D R E I M R A I V I E M
Y R E V I R D W E R C S
N A I S S U R E T I H W
I A T I R A G R A M M B
```

BELLINI
BLACK VELVET
BLOODY MARY
DAIQUIRI
MANHATTAN
MARGARITA

PINK LADY
SCREWDRIVER
SEA BREEZE
SIDECAR
SNOWBALL
WHITE RUSSIAN

Puzzle 121: Metals

```
M P U D E E U R O P I U M R
T M A L A N T H A N U M M O
A E T G A D O L I N I U M M
L N B E R Y L L I U M N U U
U E U M M A D T U U R E I N
M O C I D U S L I O E T M E
I D Z I M U I S O R P S Y D
N Y U I T N S N M G P G D B
I M U I N A M R E G O N O Y
U I D O T C U N P H C U E L
M U S O D I U M N U T T S O
P M P M U I D I B U R U A M
M M U I B R E T T Y N O R I
I E S E N A G N A M N U P U
```

ALUMINIUM	IRON	PRASEODYMIUM
BERYLLIUM	LANTHANUM	RUBIDIUM
COPPER	LEAD	RUTHENIUM
DYSPROSIUM	MANGANESE	SODIUM
EUROPIUM	MOLYBDENUM	TIN
GADOLINIUM	NEODYMIUM	TUNGSTEN
GERMANIUM	PALLADIUM	YTTERBIUM
GOLD	POTASSIUM	ZINC

Puzzle 122: Shakespeare Comedy Characters

```
B P T O N I S R O O K E
I P E N I R E H T A K U
O S R T O L I V I A K A
B N E O R B O T G B R N
E N D B A U R V E M I T
N A N Y A O C A L S E O
E L A B P S T H H A L N
D O S E V R T Y I V M I
I I Y L I C L I K O B O
C V L C S O I C A N P I
K E E H C E U G A N I R
I L E K Y P Y N V E S L
```

AGUECHEEK
ANTONIO
BEATRICE
BENEDICK
KATHERINE
LYSANDER
MALVOLIO
OLIVIA

ORSINO
PETRUCHIO
PORTIA
PUCK
SEBASTIAN
SHYLOCK
TOBY BELCH
VIOLA

Puzzle 123: UK Football Clubs

```
W I S A R S E N A L N F
A L L I V N O T S A A U
T M D W H T E V U R G L
F A E W R C B O N E I H
O O S E E O I E D V W A
R C V N L S W W E S E M
D E G T T C T R R S T Y
V B O A A A P H L O P T
C N M S T O K E A O N N
O S T T O C H I N M F R
T L T L U C A R D I F F
E Y T I C L O T S I R B
```

ARSENAL	LIVERPOOL
ASTON VILLA	NEWCASTLE
BOLTON	NORWICH
BRISTOL CITY	STOKE
CARDIFF	SUNDERLAND
CHELSEA	WATFORD
EVERTON	WEST HAM
FULHAM	WIGAN

Puzzle 124: Palindromes

```
A A K V O R A X I S E L
S A A L A V P S S B C E
P D Y D E E D T E I R A
E N A A N V E S V X M R
E R K O T D E I F I E D
P S O O F E C L N D S S
I N E T S D N I D O P H
O A M A D A M E L S M A
B A R E F E R O T O R H
S O S E R E S A G A S S
C T O R N R T O O T X D
O D O B R S E E N V T Y
```

BOOB	NAAN	SEES
CIVIC	NOON	SERES
DEED	PEEP	SEXES
DEIFIED	RADAR	SHAHS
KAYAK	REDDER	SOLOS
LEVEL	REFER	STATS
MADAM	ROTOR	TENET
MINIM	SAGAS	TOOT

Puzzle 125: Science Fiction Television Shows

```
K N X F I R E F L Y R S
B E F A C I R P A C E D
T V V T O T S E U S D O
S E L I F X E H T O D L
T S T D F A H A C A W L
C S E A B N R T A T A H
R E A O G T O S R L R O
U K L E R R O L C N F U
S A I E W E A W Y A P S
A L K H X T H T N B P E
D B O O A R H S S N A E
E O D O O W H C R O T B
```

BABYLON FIVE
BLAKE'S SEVEN
CAPRICA
CRUSADE
DOCTOR WHO
DOLLHOUSE
FARSCAPE

FIREFLY
HEROES
RED DWARF
STAR TREK
STARGATE
THE X FILES
TORCHWOOD

Puzzle 126: US Presidents

```
R J L A N E A N V K R C N E
K E N I X O N O S I D A M K
M F W N N R E T R A C J A I
G F D O O C A N O S L I W K
R E E F H S O I D B R M M N
K R L G J N K L U M R O C A
E S I R D O E C N L M N K M
N O T G N I H S A W O R I U
N N G G F A L N I J A O N R
E I R R N R O O S E V E L T
D F A A O R E V O O H A E E
Y G N A G A E R I C N B Y I
I O T O S M A D A M A B O E
O T S E U H L O N D T E O C
```

ADAMS	HOOVER	MONROE
BUCHANAN	JACKSON	NIXON
CARTER	JEFFERSON	OBAMA
CLINTON	JOHNSON	REAGAN
COOLIDGE	KENNEDY	ROOSEVELT
EISENHOWER	LINCOLN	TRUMAN
GARFIELD	MADISON	WASHINGTON
GRANT	MCKINLEY	WILSON

Puzzle 127: Breeds of Sheep

```
D F T H D O S D M E A K
R S E E E U S A P S N R
N H S G F B H O E O E L
T E R F L S R N L T N I
M T O R A T O I A R U N
A L D M L G P W D Y A C
K A D A A D S I N E C O
R N N R A E H N E L A L
D D A A E I I M R A L N
A N R T R U R N E N M K
D T O N I R E M P D E O
H E P O X F O R D I O F
```

ARAGONESA	OXFORD
DORSET	PERENDALE
HEBRIDEAN	PORTLAND
LACAUNE	RYELAND
LINCOLN	SHETLAND
LONK	SHROPSHIRE
MASHAM	SUFFOLK
MERINO	TEESWATER

Puzzle 128: London Mainline Stations

```
P N E T D N N R I N K W I A
O A B S O A E T T D A S W R
M O D S S A C O E T S I D E
A R I D R O N N E O B A C V
R K A R I O R R R E T F O I
Y E A L T N L C T K N B R C
L D S S T O G A S O I N K T
E P U N O N G T N G B O K O
B E G D I R B N O D N O L R
O O I R O I O T N N T I A I
N A A O G E R L N B C T K A
E H M A R S T P A N C R A S
C S R A I R F K C A L B C F
R C R D L O R A S N N A L D
```

BLACKFRIARS
CANNON STREET
CHARING CROSS
EUSTON
KING'S CROSS
LONDON BRIDGE

MARYLEBONE
MOORGATE
PADDINGTON
ST PANCRAS
VICTORIA
WATERLOO

Puzzle 129: Dogs

```
E O D E H F G O D L L U B R
U L D U S C H N A U Z E R C
U Z S N O G U T E T F U O B
P K T L U H H I H O A C R O
Y O L I S O P I X I K H E X
E I M H P L H H G E A I V E
E A C E E S O Y R N N H E R
J A C K R U S S E L L U I O
D O E H N A P E A R O A R D
N N L D N A N O T L G H T A
P U G U N T M I D T O U E R
P N A I T A M L A D E A R B
S H E E P D O G N N I R D A
O L B P O I N T E R H L R L
```

BEAGLE	FOXHOUND	POMERANIAN
BOXER	GREAT DANE	PUG
BULLDOG	GREYHOUND	RETRIEVER
CHIHUAHUA	HUSKY	SCHNAUZER
COCKER SPANIEL	JACK RUSSELL	SETTER
COLLIE	KELPIE	SHEEPDOG
DACHSHUND	LABRADOR	SHIH TZU
DALMATIAN	POINTER	SPITZ

Puzzle 130: Weather

M	E	W	T	N	C	D	S	N	O	N	R	A	N
O	O	L	A	H	D	T	N	M	E	A	A	U	A
W	W	A	A	L	U	T	O	A	A	N	A	R	N
N	T	A	D	C	I	R	W	R	G	D	C	O	M
E	U	C	C	M	O	A	R	I	N	E	I	R	R
A	S	A	O	T	G	I	Y	I	S	A	O	A	O
I	S	L	E	E	T	N	W	E	C	T	D	B	O
N	M	M	T	E	N	B	I	L	S	A	E	O	D
S	N	I	T	U	O	O	C	N	S	L	N	R	M
N	U	A	S	S	S	W	L	O	T	G	I	E	R
E	L	I	H	E	M	A	O	C	Y	H	C	A	T
U	G	S	N	S	C	E	U	N	Y	S	G	L	H
G	U	E	C	U	U	L	D	C	E	C	Y	I	C
U	S	S	A	U	H	H	S	L	T	R	E	S	L

AURORA BOREALIS
CALM
CLOUDS
CYCLONE
HAIL
HALO
HURRICANE
LIGHTNING

RAINBOW
SLEET
SNOW
STORM
SUNNY
TORNADO
TWISTER
WIND

Puzzle 131: Units of Measurement

```
C R J V R H H F S G A E
E E O Q E L C T E M D E
S L C H A I N B I R J S
T Q I M G F I P A O C T
A I E M E A V M U R E S
P T B B H T L L R R N A
F D B U S H E L T E P N
O T Y A C O K T O A F S
O C A C R M O N R N P R
T H E R M R H S Y A R D
U C O E A V E R N Q U T
P T P A S C A L S E T Q
```

ACRE	FERMI	PARSEC
BARREL	FOOT	PASCAL
BUSHEL	GALLON	QUART
CARAT	INCH	SPAN
CHAIN	JOULE	TESLA
CUBIT	KELVIN	THERM
DRAM	METE	VOLT
FATHOM	MILE	YARD

Puzzle 132: Sports

```
Y B G U R C A N O E I N G A
H L L A B T O O F L S Y R G
A Y S L W O B G L G M G O N
N E T B A L L A N N A N W I
D K G C G B B O A I O I I L
B C L V U Y T S P F N C N G
A O R I E N T E E R I N G N
L H C L I I S G K U O E U A
L G L M C S A C S S C F I R
T O D S O S I O V D A A N B
V A G R S K A T I N G B L W
B C C E D G N I V I D Y K S
M A R A T H O N T W N L N C
L D S F S A J A V E L I N N
```

ANGLING
BADMINTON
BASKETBALL
BOWLS
CANOEING
DRESSAGE
FENCING
FOOTBALL

GYMNASTICS
HANDBALL
HOCKEY
JAVELIN
LACROSSE
MARATHON
NETBALL
ORIENTEERING

POLO
ROWING
RUGBY
RUNNING
SKATING
SKYDIVING
VOLLEYBALL
WINDSURFING

Puzzle 133: Nationalities

```
K N A I Y M L H C J E I
R I G T A Y S A S Z F K
W N N R E E R B G L R L
H N O A Z G R E E K E P
L I C G J I R S Z J N W
Y N A N T M C E E A C H
B S N N A O I N C P H S
A N A N Z N A I L A T I
H K D Z D B R H K N A K
U Z I I G E D C R E L R
I E A W M A L T E S E U
Z N N A I T P Y G E N T
```

AMERICAN	INDIAN
BRIT	ITALIAN
CANADIAN	JAPANESE
CHINESE	KIWI
EGYPTIAN	MALTESE
FRENCH	OZZIE
GERMAN	TURKISH
GREEK	WELSH

Puzzle 134: Grand Prix Circuits

```
G N I R M I E H N E K C O H
O R A C H M N U H U R S A U
E S E S A Z O E O G G N U N
I M I I O T O B I R U N M G
C A S L K R A P T R E B L A
I G H O V H U L B M I P O R
Z A A P R E R U U O E N Z O
S P M A H C R O C N A R F R
A I I N K G B S N A Y A F I
N N R A R U E H T C L A M N
E E I I C P Z T A O E O G G
B U N D A C N U C A N E I G
R G R N A O R K S Z N E B O
L N G I A H G N A H S B M R
```

ALBERT PARK
BAHRAIN
CATALUNYA
FRANCORCHAMPS
HOCKENHEIMRING
HUNGARORING
INDIANAPOLIS

MONACO
MONZA
NURBURGRING
SEPANG
SHANGHAI
SILVERSTONE
SUZUKA

Puzzle 135: Easter Time

S	E	B	L	C	Y	L	S	H	R	N	E
F	K	D	S	I	S	R	H	U	A	O	D
A	R	C	A	G	B	I	N	C	B	I	I
L	T	M	I	F	N	B	R	S	B	T	E
N	O	B	T	H	F	I	I	T	I	C	I
S	T	C	H	O	C	O	L	A	T	E	C
R	C	E	Y	S	S	S	D	K	K	R	B
B	M	G	N	L	U	N	S	I	C	R	O
G	R	G	F	N	I	S	O	U	L	U	E
S	R	S	D	T	O	M	B	E	S	S	D
R	E	A	H	R	G	B	A	S	K	E	T
I	Y	I	C	D	K	G	K	F	S	R	J

BASKET
BONNET
CHICKS
CHOCOLATE
CROSS
DAFFODILS
DUCKLING

EGGS
FAMILY
JESUS
RABBIT
RESURRECTION
SUNDAY
TOMB

Puzzle 136: Welsh Rulers

```
N B L P P A W H A G E I U A
D I E S T Y N A B O W A I N
O H A L Y W R E S D D N G G
A L F W I H M N P Y M P R H
Y R H P O A R Y I L I W A A
A O T E D B P P N C A D D R
R C R H B H A E A M D D G E
T A A T F D T L I L T O N D
H A P H P O Y R E L E B R D
L R A H L H D W O W U W W L
W I S C E O Y D A D Y D Y N
Y Y Y N H H A Y W G T H D H
S Y H R P A D D Y F F U R G
M O R G A N T H E O L D H D
```

ANGHARED	HYWEL AB OWAIN
ARTHFODDW	HYWEL AP RHYS
ARTHLWYS	HYWEL DDA
BELI AP EILUDD	IESTYN AB OWAIN
BODDW	MORGAN THE OLD
CLOTEN	RHODRI MAWR
CLYDOG	RHYS AP ARTHFAEL
GRUFFYDD AP RHYS	SERWYL

Puzzle 137: Hollywood Actors

```
G U R T E O Y A E O E D A M
C L I N T E A S T W O O D O
R O B E R T D O W N E Y J R
C O P B R A D P I T T O O S
H O T P S E C Y O O H L R K
D C O A R K G M R N D B Y N
O D G P C D C D N I C C E A
G E E I M R N Y R C S N O H
S A L G U O D L E A H C I M
O G D I R E Y L G P H A O O
O A S R P H N S R L C C L T
C E D P L Y E R R A C M I J
R O B I N W I L L I A M S R
Y E N O O L C E G R O E G H
```

AL PACINO   MICHAEL DOUGLAS
BRAD PITT   RICHARD GERE
CLINT EASTWOOD   ROBERT DOWNEY JR
GEORGE CLOONEY   ROBIN WILLIAMS
JIM CARREY   TOM CRUISE
JOHNNY DEPP   TOM HANKS

Puzzle 138: Fairy Tale Characters

```
S I I R E W G L R B L F L P
E K L P T H R E E B E A R S
E S C C I O D E O S Z I B R
O M S O E N B C D L N R I A
S L S G L O O E W C U Y G L
C T H T L I A C E C P G B L
N E A F E D D C C H A O A E
I I N S T P H L W H R D D R
P E S R E A S T O A I M W E
N R E D R I D I N G H O O D
N H L M G E U E S I M T L N
D W I C K E D W I T C H F I
S N O W W H I T E P E E E C
G W R N H E D R A E A R G O
```

BIG BAD WOLF   PRINCE CHARMING
CINDERELLA   RAPUNZEL
FAIRY GODMOTHER   RED RIDING HOOD
GOLDILOCKS   SNOW WHITE
GRETEL   STEP SISTER
HANSEL   THREE BEARS
PINOCCHIO   WICKED WITCH

Puzzle 139: Car Parts

```
B P R R A T D F X E R X
A P M A C E F E E E O B
M E I N L B C H T B T E
R R R S U T R E R R A G
P B R O T M M A E T R I
P L O A C O E D K A E R
I R R N H G N L D E L E
T E T C N E K I A S E M
R D A O F E A G I R C R
N T A S L T T H B H C N
R O O D O M E T E R A R
A I A R E P M U B F O D
```

ACCELERATOR
BONNET
BRAKE
BUMPER
CLUTCH
DOOR
FAN
FENDER

GEARBOX
HEADLIGHT
MIRROR
ODOMETER
PISTON
RADIATOR
SEAT
TACHOMETER

Puzzle 140: Christmas Time

```
L A N T I E S N O A N R
U M C T A T F F E S F A
E S S U A L C A T N A S
A S D R A C E O M O T I
N T E K E S C G G I U E
T U E E R K S H N T L E
T F E Y I K C S U A E Y
R F F N M N E A I R L N
E I G E S L U K R O C K
E N I T N E M E L C S H
T G S N S T N E S E R P
U E N C G G N I D D U P
```

ANGEL	PUDDING
CARDS	SANTA CLAUS
CHURCH	STAR
CLEMENTINE	STOCKING
CRACKERS	STUFFING
DECORATIONS	TINSEL
FAMILY	TREE
PRESENTS	TURKEY

Puzzle 141: Branches of Medicine

```
E O B S T E T R I C S O D P
O P T D S C I R T A I R E G
G Y A A E I E T C R O S N I
G Y R T T R R E O D C C T M
Y E D T H G M G R I I I I M
S G R O A O I A T O Y D S U
T Y O O P I L E T L R E T N
I G A L N O H O I O R A R O
C O D R O T R C G G L P Y L
I L G R S I O I Y Y P O T O
D O A E Y R D L H S T H G G
I C A D S E E A O C P T Y Y
O N E U R O S U R G E R Y G
A O O P T O M E T R Y O S L
```

ANAESTHETICS
CARDIOLOGY
CHIROPODY
DENTISTRY
DERMATOLOGY
GERIATRICS
GERONTOLOGY
IMMUNOLOGY

NEUROSURGERY
OBSTETRICS
ONCOLOGY
OPTOMETRY
ORTHOPAEDICS
PATHOLOGY
PSYCHIATRY
RADIOLOGY

Puzzle 142: Puzzles

```
Y H S U D O K U C R R H
S C P H I T O R I E B R
F R M U S E O A D C A D
I A E R T S Z D L T T U
T E S P S H A A O A T K
W S I W A L G R M N L O
O D O J D R U I I G E D
R R W R N K C O L L S U
D O O Z A A N S O E H C
E W I K O S H D Y S I L
H T N I R Y B A L K P A
K N I L R E H T I L S C
```

BATTLESHIPS
CALCUDOKU
CROSSWORD
FIT WORD
HANJIE
HITORI
KAKURO
LABYRINTH

LIGHT UP
MAZE
RECTANGLES
SKYSCRAPERS
SLITHERLINK
SUDOKU
WORD LADDER
WORD SEARCH

Puzzle 143: Greek Mythological Characters

```
N U E E I R S B O A S S
T I S P A T R O C L U S
C C N O R I I H S S E I
I A E L S I I C S A S A
T R R E B L A I B P S A
R U I N L L C M O U Y E
L S S E Y R N L D O D T
E O S P A E C E S E O H
C T S N L Y M L I L C I
O O H E C T O R E L S A
S I H N L A L S L H O O
A E E L A Y E U U A P P
```

ACHILLES	MEDUSA
BRISEIS	NARCISSUS
CALYPSO	ODYSSEUS
CYCLOPS	PATROCLUS
HECTOR	PENELOPE
HELEN	PRIAM
ICARUS	SIRENS

Puzzle 144: UK Universities

```
E L O F D L E I F F E H S L
I E E C E A S T A N G L I A
R N O A R N D R E U A N B R
O U F M S O E F O R C S P C
R R E B O D M R O O B O N M
H B D R U E O C L D R L A N
W R I I T B N N T T O H B H
O A N D H F T F S T G D E K
G D B G A R F M S N U O R C
S F U E M O O I I N X R D I
A O R O P U R T D F T D E W
L R G F T B T E O R H A E R
G D H H O O E R A O A M N A
R O O G N I D A E R U C L W
```

ABERDEEN	DUNDEE	OXFORD
BRADFORD	EAST ANGLIA	PORTSMOUTH
BRISTOL	EDINBURGH	READING
BRUNEL	GLASGOW	SHEFFIELD
CAMBRIDGE	LINCOLN	SOUTHAMPTON
CARDIFF	LOUGHBOROUGH	UCL
DE MONTFORT	NOTTINGHAM	WARWICK

Puzzle 145: Friendly

H	N	O	I	N	A	P	M	O	C	A	Y
L	L	U	P	E	S	O	Y	H	T	L	B
P	O	O	M	K	S	C	U	O	L	E	I
A	E	P	A	C	O	M	R	A	D	E	C
F	H	R	T	P	C	A	M	O	M	O	N
S	I	D	E	K	I	C	K	S	N	R	S
T	R	E	H	N	A	B	U	S	A	Y	B
O	R	V	R	E	T	R	O	P	P	U	S
S	U	O	I	C	E	R	P	B	D	R	I
M	C	L	H	L	T	U	A	D	M	R	O
R	N	E	S	O	E	D	Y	P	C	P	E
E	F	B	U	O	C	D	N	E	I	R	F

ALLY
ASSOCIATE
BELOVED
BUDDY
CHUM
COHORT
COMPANION
COMRADE

CONSORT
CRONY
FRIEND
MATE
PARTNER
PRECIOUS
SIDEKICK
SUPPORTER

Puzzle 146: Board Games

T	M	A	I	H	B	H	N	P	Q	B	N	I	C
M	C	M	M	R	A	R	U	N	E	P	S	M	M
B	H	A	M	P	I	O	I	G	S	U	E	O	N
E	Q	S	O	U	I	I	S	M	M	A	C	N	R
E	U	T	E	N	A	H	M	A	H	J	O	N	G
C	H	E	Q	U	E	R	S	O	R	M	N	H	E
S	I	R	R	O	M	S	N	E	M	E	N	I	N
G	I	M	Q	I	E	O	V	A	L	C	E	L	H
A	H	I	L	H	S	E	G	U	T	T	C	A	O
A	N	N	C	C	R	K	D	L	I	E	T	O	G
D	R	D	A	S	C	O	R	G	D	D	F	A	G
G	T	U	I	A	Y	L	O	P	O	N	O	M	B
I	N	T	B	G	O	H	E	E	T	T	U	I	M
R	C	L	M	O	S	T	H	G	U	A	R	D	S

BACKGAMMON
BATTLESHIP
CHEQUERS
CHESS
CONNECT FOUR
DRAUGHTS
LUDO

MAH-JONG
MASTERMIND
MONOPOLY
NINE MEN'S MORRIS
REVERSI
RISK
SHOGI

Puzzle 147: Biscuits

```
T M A C F L A P J A C K
R A E T H C I R W R D D
B C K I D L A B I R A G
E A A E V I T S E G I D
K R C L N G P F I J E P
A O A F B B A N A K E R
C O F A R W G R R T T E
T N F E R E K C A R C T
A D A E R B T R O H S Z
O D J N O B R U O B O E
T F U C T O Z T A M T L
K T N E K A C T R O H S
```

BOURBON
CRACKER
CRISPBREAD
DIGESTIVE
FLAPJACK
GARIBALDI
GINGER NUT
JAFFA CAKE

MACAROON
MATZO
OATCAKE
PRETZEL
RICH TEA
SHORTBREAD
SHORTCAKE
WAFER

Puzzle 148: Types of Government

```
M E M M S I L A N U M M O C
Q U A N G O C R A C Y R R N
M I M P E R I A L I S M A P
H E X A R C H Y C S Y R I A
A T R I O O A A L H I H H N
G D R I N I C A C S S E T T
I C L H T I V R T R P R Y I
O I U T O O A O O T I A R S
C A N M C E C T A A C A A O
R P E R R R A R R A H M N C
A Y A I A T C C A P C T N R
C C U C C H H H N C A T Y A
Y Q Y I Y Y M U C C Y H E C
S S D T E C H N O C R A C Y
```

ARISTOCRACY
COMMUNALISM
DICTATORSHIP
GERONTOCRACY
HAGIOCRACY
HEPTARCHY
HEXARCHY
IMPERIALISM

MERITOCRACY
PANTISOCRACY
QUANGOCRACY
SLAVOCRACY
SQUIREARCHY
TECHNOCRACY
TRIARCHY
TYRANNY

Puzzle 149: European Rivers

```
G A M P L E N D D U N I
I U R E N L O I R E K L
O V E C Z U E E M U E T
M D P H R E B A B I N S
S L E O L U N A E M U R
U O I R N O N L E G M H
E I N A V A G U A D O I
O N D N I E S T E R O N
D M R D P E N S A V A E
A A A Z S I T I U S B B
A U V A G L O V E R V L
G L A R U P I O O S E E
```

DANUBE	GUADIANA	RHINE
DAUGAVA	KUBAN	SAVA
DNIEPER	LOIRE	SEINE
DNIESTER	MEUSE	TAGUS
DOURO	MEZEN	TISZA
DRAVA	NEMAN	URAL
EBRO	ODER	VISTULA
ELBE	PECHORA	VOLGA

Puzzle 150: London Boroughs

```
G N I L A E T N E R B I
K R A W H T U O S R N N
I E E N F I E L D E O O
N T W E O H H W G T G T
G S E O N T A D G Y S T
S N M Y L W R N T E L U
T I I I W S I E T N A S
O M S N O L N C M K M H
N T H D S R G U H C B S
C S F I A G E T O A E O
R E T B N O Y S W H T I
N W A N D S W O R T H A
```

BARNET
BRENT
EALING
ENFIELD
GREENWICH
HACKNEY
HARINGEY
HOUNSLOW

ISLINGTON
KINGSTON
LAMBETH
MERTON
SOUTHWARK
SUTTON
WANDSWORTH
WESTMINSTER

Puzzle 151: Birds of Prey

```
N A L N S G V O H E A A
A A R E I U R I B E U Y
A H S A L L T L D P B T
V L A T C G R T Y D Z M
A D U E L A A E K D F P
N R E I E G R E M M A L
E A E S C P S A R N L E
T Z T I S T H E C O C O
I Z A O R O D N O C O A
K U E E B R A E N C N T
R B L B C R A O E A L R
Y O Y L K W A H S O G S
```

BUZZARD
CARACARA
CONDOR
EAGLE
FALCON
GOSHAWK
HARRIER

HOBBY
KESTREL
KITE
LAMMERGEIER
MERLIN
OSPREY
VULTURE

Puzzle 152: Shakespeare's Women

```
D H O G H A A L A A H M
O C D A E I I I N T T M
A L N N L R V N E I I E
I E A E I I T B A R O N
T O H E L L C R A T I T
R P G O E A A N U H I N
O A N O M E D S E D L T
P T C Y N A E C O E E I
T R D U T E R A G R A M
P A R I Y E R D U A A A
L S I N A I N I V A L O
E C V O D E J U L I E T
```

AUDREY
CLEOPATRA
DESDEMONA
GERTRUDE
GONERIL
JULIET
LADY MACBETH
LAVINIA

MARGARET
MIRANDA
NURSE
OLIVIA
OPHELIA
PORTIA
ROSALIND
TITANIA

Puzzle 153: Popular Video Clips

```
A O I E D G A R S F A L L O
P D O U B L E R A I N B O W
A A N G A A L G C F R B G R
C N K A D A E U C T I O S I
H C E E P D M A O H D T F C
E I O D Y G I U H G A W K K
B N L N I B N N N R L N M R
O G L N N O I W A K E I O
Y B Y I A H G A Z D M E R L
B A U S P N R N R E O U R L
S B C K I S S H I D E D N I
G Y L S K U Y T D E C N A N
E P N I I O C N N V I A S G
B C D O A O L I C O A P T K
```

APACHE BOY
DANCING BABY
DOUBLE RAINBOW
EDGAR'S FALL
FIFTH GRADE DEVO
KEYBOARD CAT

LIPSYNC
NUMA NUMA
RICKROLLING
SINGING DOG
SNEEZING PANDA
STAR WARS KID

Puzzle 154: Aquarium Fish

```
M A G L M H S I F D E E R R
R E D N A T S D A E H U E S
A O C I C H L I D S A Q K C
S E H E I F Q B I U T A A U
B P R E H S I F L I C N E P
O N I T F C N T C S H A U M
R G E L H W A D A A E P Q O
A O O I O N R R A G T L S R
R U R L A S O L A N F E A C
T R C O D D C T E A I C H B
E A U N Y F H S H P S O E I
T M Q R F H I G N O H I L I
E I O W C C H S I F T A C D
A C I E A D M S H A L D D I
```

BICHIR	GOURAMI	PENCILFISH
CATFISH	HATCHETFISH	PLECO
CICHLIDS	HEADSTANDER	RASBORA
CLOWNFISH	HONGI	REEDFISH
CORYDORAS	NOTHO	SPILO
DANIO	PANAQUE	SQUEAKER
GOLDFISH	PANGASIUS	TETRA

Puzzle 155: Aeroplanes

```
I R R E T H G I F O R U E R
E M E S S E R S C H M I T T
A E N Y R O N G N A T S U M
O M A O L I O R A G G P F E
T P C O A F V G O M G I S I
M H I R D Y T O E H M T U M
H I R D Y O C H Y C M F O E
H S R E B A H C G A U I E S
R B U A E T G E G I G R E E
E E H E G L R A F M R E P B
M L E E O E T F L N B W R S
E L O T O R N A D O P N E A
E E B W D E Y R U R N N E A
H T V S E O I A A T G E W T
```

ENOLA GAY	MIRAGE
EUROFIGHTER	MUSTANG
HORNET	SPITFIRE
HURRICANE	SPRUCE GOOSE
LADY BE GOOD	TORNADO
MEMPHIS BELLE	VOYAGER
MESSERSCHMITT	WRIGHT FLYER

Puzzle 156: Volcanoes

```
N Y N G A L E R A S R V
Y M A U N A L O A A A E
I L O W W A E N M K O S
R P N N U A T T A U T U
A O A N T O L S N R A V
G A Z R R S T U O A K I
O E K I E Z E M E J A U
N N N A S M B R O I R S
G I J U F O S R R M K T
O S N E L E H T S A R T
S M I I T R E D U E T I
G A G N O A N U F A I N
```

ETNA
FUJI
GALERAS
KRAKATOA
MAUNA LOA
MERAPI
MONTSERRAT
NYIRAGONGO

SAKURAJIMA
SANTORINI
ST HELENS
STROMBOLI
TEUDE
ULAWUN
UNZEN
VESUVIUS

Puzzle 157: Chess Champions

E	P	F	R	D	A	L	C	T	F	W	A
R	Z	E	I	E	N	I	H	K	E	L	A
O	W	R	T	S	K	A	C	E	B	K	C
K	O	K	C	R	C	S	N	I	O	A	N
Z	I	Y	K	S	O	H	A	A	T	S	A
N	T	N	K	I	A	S	E	L	V	P	L
L	O	I	M	S	O	E	I	R	I	A	B
K	P	N	N	A	S	V	V	A	N	R	A
M	A	V	O	I	R	A	M	O	N	O	P
E	L	E	U	W	E	K	P	O	I	V	A
V	O	P	R	A	K	T	P	S	K	U	C
A	V	E	O	V	O	L	S	Y	M	S	O

ALEKHINE
ANAND
BOTVINNIK
CAPABLANCA
EUWE
FISCHER
KARPOV
KASPAROV

KRAMNIK
LASKER
PETROSIAN
PONOMARIOV
SMYSLOV
SPASSKY
STEINITZ
TOPALOV

Puzzle 158: Classic Toys

```
J S P I N N I N G T O P
C A S L I N K Y R U I L
C A C I A U U A O C L E
L P R K D S I O K S L D
S L K D I N T U Y Z A O
O D L L S N P I Z O B M
L E P E L S T U C L Y U
D L T A T S P H D I C I
I A J I G S A W E Z N O
E L C B K W J I C B U E
R K P C C S R A C Y O T
S L L O D S J R N S B X
```

BOUNCY BALL
CARDS
DOLLS
JACK IN THE BOX
JIGSAW
KITE
MODEL
PICK UP STICKS

PLASTICINE
PUZZLE
SLINKY
SOLDIERS
SPINNING TOP
TOY CARS
TRAIN SET
YOYO

Puzzle 159: Greek Gods

```
O S I P A A I N S D D O
T U O I O I A S E I E N
A E S M O S N M O S O E
S I T S E U E N S H T U
S Y E R R T Y I D I O S
R H A D E S M M D Y E A
D A I R U E D O P O I P
A M U S T A R E H T N O
S E M R E H O O S E H L
O O A N P P A E S O S L
T R S A N E H T A H I O
Y H E P T H I I S E E O
```

APHRODITE	EROS
APOLLO	HADES
ARES	HEPHAESTUS
ARTEMIS	HERA
ATHENA	HERMES
DEMETER	HESTIA
DIONYSUS	POSEIDON

Puzzle 160: Pop Songs

```
O N U F F O E S U O H S E E
Y O U R E B E A U T I F U L
S E Y R O V E E S E A E E P
D L I W E B O T N R O B D O
A E R P N T G L E E L E U E
U M N I N A R I L E O O J P
O A U A G A W A B E Y L Y N
Y H A D L D C A T O E Y E O
E C G E L Y N I T S F F H M
S A O G B N N E R E E E I M
I M W A A U S N T E R R B O
A R E W B O A T E S M L I C
R A S E L H B D N P E A O F
P K T C M A B L E B O W O O
```

AMERICAN PIE
BORN TO BE WILD
CLOSE TO YOU
COMMON PEOPLE
FIRESTARTER
GO WEST
HEY JUDE
HOUSE OF FUN

I FEEL LOVE
KARMA CHAMELEON
PENNY LANE
PRAISE YOU
WANNABE
WATERLOO
WEST END GIRLS
YOU'RE BEAUTIFUL

Puzzle 161: TV Presenters

```
H L A T T E N B O R O U G H
N O S N I K R A P A D D E D
P F O S T S S P N O R T O N
S A R L C A D O E R O O M N
V I X H H H N N E Z T N A R
O H S M M V O D O L A M D S
R L T P A H M F D G R D E O
R I A Y R N D O I E E I L Y
A F R M S I E N D E C H E E
L R K A H R N R K E L L Y R
E X E L N I O G O I E D I F
R P Y L F V S F E V A N S N
L M S E D N O S K R A L C I
L I F B R B A A L O G Y I W
```

ANT AND DEC	FORSYTH	RANTZEN
ATTENBOROUGH	KELLY	SCHOFIELD
BELLAMY	MADELEY	SPRINGER
CLARKSON	MOORE	STARKEY
EDMONDS	NORTON	TITCHMARSH
EVANS	PARKINSON	VORDERMAN
FINNIGAN	PAXMAN	WINFREY

Puzzle 162: Generating Energy

O	N	U	C	L	E	A	R	L	G	S	A
B	B	F	A	B	L	L	S	A	U	E	O
I	L	O	U	C	O	E	S	G	M	H	E
A	C	O	O	G	R	N	S	L	N	F	F
A	N	H	I	A	T	L	A	E	O	C	N
N	O	Y	L	G	E	G	M	V	I	F	H
L	I	D	N	U	P	N	O	A	S	D	U
U	S	R	F	C	D	N	I	W	U	O	G
I	S	O	L	N	N	I	B	B	F	L	D
U	I	G	N	B	D	D	A	L	R	U	C
B	F	E	F	L	A	U	W	T	B	U	T
E	O	N	C	U	E	B	E	C	D	L	T

ALCOHOL	HCNG
BIOFUEL	HYDROGEN
BIOMASS	NUCLEAR
COAL	OIL
DIESEL	PETROL
FISSION	TURBINE
FUSION	WAVE
GAS	WIND

Puzzle 163: Straits

B	N	K	H	A	F	A	V	U	C	X	L
O	D	O	M	A	S	T	N	A	H	U	O
B	A	O	C	E	S	S	N	N	X	A	O
A	R	C	V	D	S	S	B	E	R	E	H
N	D	G	V	E	O	S	E	M	L	V	U
R	A	T	L	A	R	B	I	G	N	O	D
A	N	K	T	D	C	T	R	N	T	F	S
B	E	R	I	N	G	C	J	N	A	L	O
K	L	G	I	U	O	O	A	O	N	N
S	L	G	X	S	H	R	A	L	N	E	H
D	E	O	A	O	T	D	I	R	A	S	B
S	S	U	R	O	H	P	S	O	B	M	O

BERING
BOSPHORUS
CANSO
COOK
DARDANELLES
DOVER
FOVEAUX
GIBRALTAR

HUDSON
JOHOR
MALACCA
MENA
MESSINA
OTRANTO
SOLENT
SUNDA

Puzzle 164: Meal Times

A	S	C	S	P	A	I	C	E	E	O	A
N	E	F	N	E	N	R	E	L	A	H	E
E	P	B	T	S	S	U	U	R	B	N	T
T	C	D	R	E	N	N	I	D	V	T	N
E	T	D	T	E	C	T	E	A	O	G	O
N	R	L	N	H	A	S	R	V	S	A	O
L	C	F	A	S	S	K	T	E	E	K	N
S	U	P	P	E	R	U	F	T	C	L	R
G	F	B	R	U	N	C	H	A	T	V	E
N	E	T	N	N	S	G	N	T	S	E	T
O	V	N	E	K	I	S	E	S	U	T	F
R	T	V	T	H	R	T	R	I	H	C	A

AFTERNOON TEA   HIGH TEA
BREAKFAST   LUNCH
BRUNCH   SNACK
DESSERT   SUPPER
ELEVENSES   TV DINNER

Puzzle 165: Relatives

```
O R E T H G U A D F A R
A M E T N U A I S N A C
U U O H N I S U O C I N
D M O T T G E B N E L E
I E H A H O H C A C N P
I L I R R E M A E N L H
G F L N E D R D W I D E
W F A T H E R I N L A W
O R E H T A F D N A R G
S O D S O E N E U L R H
S N I W R A R R L G A G
S S R A B U D T H S A W
```

AUNT
BROTHER
COUSIN
DAUGHTER
FATHER-IN-LAW
GRANDFATHER
GRANDMOTHER
HUSBAND

MOTHER-IN-LAW
MUM
NEPHEW
NIECE
SISTER
SON
UNCLE
WIFE

Puzzle 166: Pinks

```
C M S S A N E U T O H C
C U A H R L O S A E T Y
O O S G E P A P A S N C
F C R C E L C O C O A L
D U U A M N L M G R R A
A P C O L C T P N H A M
K H N H O E E A I C M E
C H N O S R T D K N A N
G U D C S I K O C E K M
N K I I O S A U O R N C
K H A N H E S R H F E O
N N E N E C D H S R N H
```

AMARANTH
CARNATION
CERISE
CORAL
CYCLAMEN
FRENCH ROSE
FUCHSIA
HOT

MAGENTA
PEACH
PERSIAN
POMPADOUR
PUCE
SALMON
SHELL PINK
SHOCKING

Puzzle 167: Central London Tube Stations

```
S W M T E E R T S D N O B O
W U S S O R C G N I R A H C
E S C T O N N X P R S R H T
S S O R C S G N I K R A K E
T E V H I H S E L S N R L E
M D E N C C N A L C A O T R
I E N R W R D U E P E E R T
N R T R U H A R N H A D T S
S U G G S P Y E O E R N G E
T S A M T L E L L F N R N G
E A R S A R B P R B X L P D
R R D N G O C L P S R O H O
M T E E R T S N E R R A W O
I O N N O T S U E R H T M G
```

BOND STREET
CHANCERY LANE
CHARING CROSS
COVENT GARDEN
EUSTON
GOODGE STREET
GREEN PARK

HOLBORN
KING'S CROSS
MARBLE ARCH
OXFORD CIRCUS
ST PAUL'S
WARREN STREET
WESTMINSTER

Puzzle 168: Gardening Tools

```
R W U W R K K N H L D A
U W S U A S S L S O K L
G O H F K O H E W P S O
T R O W E L E E W P R E
E R E W O L B F A E L K
K A P W E P B D L R A V
R B L D O O E K K S S G
P L G P S M N E R H L U
G E S W F I N L B O R W
R E N U R P F W V V K L
H H E P S H B E A E R L
S W S V W R S R A L H O
```

EDGER
FORK
GLOVES
HOE
HOSE
LAWN MOWER
LEAF BLOWER
LOPPERS

PRUNER
RAKE
SHEARS
SHOVEL
SPADE
SPRINKLER
TROWEL
WHEELBARROW

Puzzle 169: Popes

```
S E L N E C E O V I C T O R
B R E T C I D E N E B N E E
I O E E A P E I L S A A E T
R D O H S T H E Y B I I I N
R O D H S E S L R A R R T E
F E A N U T V U N R V D C C
Y H D V I E E E I D Y A H O
I T E N S C T P R G F H E N
J E E T A L H L H I R T D N
U N E L T X O O N E N E D I
L R E E S S E O L N N U S N
I L R D A L B L U A P H S E
U T S E N I T N A T S N O C
S Y L N A G R E G O R Y V J
```

ALEXANDER	HADRIAN	SERGIUS
ANASTASIUS	INNOCENT	SEVERINUS
BENEDICT	JOHN	STEPHEN
BONIFACE	JULIUS	SYLVESTER
CELESTINE	LEO	THEODORE
CONSTANTINE	NICHOLAS	URBAN
GREGORY	PAUL	VICTOR

Puzzle 170: English Counties

```
E E L L A W N R O C I E
E I C H A M P S H I R E
D I L W I L T S H I R E
L E E Y O R K S H I R E
N S V Y C H E S H I R E
R O E O E R D S A L U R
H M L N N R P H S O T Y
I E A O O O R A S N L R
T R N F R V T U E D A W
B S D H I E A K S O N D
W E S T M I D L A N D S
B T B H E N P A O E N S
```

AVON	LONDON
BEDFORDSHIRE	RUTLAND
CHESHIRE	SHROPSHIRE
CLEVELAND	SOMERSET
CORNWALL	SURREY
DEVON	WEST MIDLANDS
HAMPSHIRE	WILTSHIRE
KENT	YORKSHIRE

Puzzle 171: Hats

```
U S K U L L C A P O O D
A D B A D L N W O R C S
E R E K L A T S R E E D
B A A L R B Y U E L L D
B Z D V F E D O R A L N
F I E E I S L O B B E L
R W K F Y A L W M W A L
U I C D W B T R O R O N
C D O T S E L O S B I C
B O C I R C P I R A T E
L R O E R C P S R A A O
E D B E R O L E E T K L
```

AVIATOR
BASEBALL
BERET
BOWLER
COCKED
COWBOY
CROWN
DEERSTALKER

FEDORA
FEZ
PIRATE
SKULLCAP
SOMBRERO
TRILBY
TURBAN
WIZARD'S

Puzzle 172: Roman Emperors

C	S	L	A	E	S	S	G	V	R	R	L
N	A	I	R	D	A	H	A	A	H	B	J
A	I	L	L	L	I	H	U	L	L	J	T
J	C	I	I	V	E	S	V	U	E	B	N
A	L	A	R	G	E	I	E	E	A	E	A
R	A	S	S	J	U	T	S	I	R	U	I
T	U	A	U	T	S	L	P	O	G	H	T
E	D	J	V	T	T	U	A	U	T	A	I
T	I	B	E	R	I	U	S	S	D	T	M
S	U	I	L	L	E	T	I	V	I	R	O
A	S	S	U	O	U	N	A	A	A	I	D
T	U	E	O	S	L	B	N	R	R	H	R

AUGUSTUS

CALIGULA

CLAUDIUS

DOMITIAN

GALBA

HADRIAN

NERO

NERVA

OTTO

TIBERIUS

TITUS

TRAJAN

VESPASIAN

VITELLIUS

Puzzle 173: Holiday Resorts

```
B R B L A C K P O O L S Z S
C R Z B S A A Z N A G H A R
A O O R I G E I V M G N H B
N M N H A A U A R U A L T D
N G A E H A R O O N E O U C
E O T H Y B D R M A S S O B
S L O N A I O A I Y E L M U
L D M T N B S B D T C E E O
C C S E R R D L U O Z D N U
M O B A I R A N A C N A R G
C A C S N S O R A N R T U E
A S T T R O P E Z R D S O E
B T S I G E R R O N G O B D
M O N T E C A R L O B C P T
```

BENIDORM
BIARRITZ
BLACKPOOL
BOGNOR REGIS
BOURNEMOUTH
CAIRNS
CANNES
CONEY ISLAND

COSTA BRAVA
COSTA DEL SOL
GOLD COAST
GRAN CANARIA
GRAND BAHAMA
MONTE CARLO
SCARBOROUGH
ST TROPEZ

Puzzle 174: Music Styles

```
J F Z Z A J G Z O U L I
A U O C S I D F L G F A
N S N C O F I I O U U L
O I H G U P N S N L N U
T O C A L Y P S O D K G
D N E O P E R A Y E I U
N E T U L I T R A N C E
A J I N D L T G O K O C
G E G R U N G E N N G U
E E B L U E S U O H J O
K Z Z O R N P L L E P S
Y A C G Y A M B I E N T
```

AMBIENT   FUNK   JUNGLE
BLUEGRASS   FUSION   OPERA
BLUES   GOSPEL   PUNK
CALYPSO   GRUNGE   REGGAE
COUNTRY   HOUSE   SOUL
DISCO   INDIE   TECHNO
FOLK   JAZZ   TRANCE

Puzzle 175: Household Furniture

T	G	A	B	B	R	E	P	I	O	O	P
W	A	T	U	I	T	A	M	D	T	O	T
D	C	C	K	F	P	B	A	W	R	E	B
F	M	O	U	C	E	F	L	A	N	B	D
R	I	T	A	R	O	R	R	I	M	O	R
E	O	R	A	S	T	L	B	B	N	R	A
N	P	T	E	P	R	A	C	I	S	D	O
B	M	A	C	F	C	U	I	E	E	R	B
R	D	B	N	G	N	I	T	N	I	A	P
B	K	L	P	C	W	T	I	A	M	W	U
T	T	E	P	S	E	A	H	A	M	R	C
G	I	K	T	E	L	C	H	I	F	W	T

BLIND	FUTON
CABINET	LAMP
CARPET	MIRROR
CHAIR	PAINTING
CLOCK	SETTEE
CUPBOARD	SOFA
CURTAIN	TABLE
FIRE	WARDROBE

Puzzle 176: Pets

```
O R T C O L I Z A R D R
A U G H Z L L R N A B P
R E K I Z F I B T G G S
F N T C P G H B O I T B
S I O K U A H T R R E I
M I R E T D E H T E E O
A T R N G E S N O G G L
H A A A K I C E I D M I
A O P A F U P G S U K H
N G R A B B I T E B G G
H A M S T E R R E F R E
P T G T E I Z G E B O I
```

BUDGERIGAR
CHICKEN
DUCK
FERRET
FISH
GERBIL
GOAT
GUINEA PIG

HAMSTER
HORSE
LIZARD
PARAKEET
PARROT
PIGEON
RABBIT
TORTOISE

Puzzle 177: A->E->I->O->U words

```
G A D V E N T I T I O U S I
C A V E R N I C O L O U S S
U E R A U T O E C I O U S U
S F T N N R A A S R O A A O
S V A I E A L U E N N B P I
U A T C A T O F E S S A G
O R S G E I I V T T F T R I
I T O H S T O F E C B E E L
N E S E N I I N E S D M C E
E V A E R B T O A R E I I R
S C G E E I E S U O O O O I
R R T I O A A E I S I U U T
A R S U U T T C U O S S S N
A F S U O L I H P O M E N A
```

ABSTEMIOUS

ABSTENTIOUS

ADVENTITIOUS

ANEMOPHILOUS

ANTIRELIGIOUS

ARGENTIFEROUS

ARSENIOUS

ARTERIOVENOUS

AUTOECIOUS

CAESIOUS

CAVERNICOLOUS

FACETIOUS

GARNETIFEROUS

PARECIOUS

Puzzle 178: Comedians

```
T O A A I Y D A W S O N S S
S L R I D S E I N F E L D Y
N I T R A M L D L B D N L D
O N A G I L L I M O M L O E
T H S V I L W A W E O I M J
R A M A R I C M A N N I N G
E N M O Y E D O N F D F A S
M S D N R H G O N I S I A K
N S H O E T C R M E O U C S
H U M P H R I E S L N O N O
I L E R U A L M L D C T E I
S A L L E N D R E N M E R B
O S B A R K E R A R I O F O
A R E E V E S H N R U G E N
```

ALLEN	HANCOCK	MILLIGAN
BARKER	HARDY	MOORE
BREMNER	HUMPHRIES	MORECAMBE
CONNOLLY	JONES	MORTIMER
DAWSON	LAUREL	REEVES
EDMONDSON	MANNING	SAUNDERS
ENFIELD	MARTIN	SEINFELD
GERVAIS	MERTON	WILLIAMS

Puzzle 179: UK Prime Ministers

O	J	C	A	M	E	R	O	N	L	E	R
R	E	H	C	T	A	H	T	O	M	N	C
I	G	C	G	T	L	W	N	O	A	I	H
A	R	N	T	R	R	O	H	H	C	W	A
L	O	L	A	R	S	S	G	H	D	D	M
S	E	O	L	L	A	A	U	H	O	L	B
E	G	D	I	L	L	R	T	R	N	A	E
I	D	W	G	L	C	I	A	G	A	B	R
L	Y	U	A	H	U	U	M	M	L	F	L
A	O	C	I	Q	O	D	O	C	D	I	A
D	L	L	S	R	U	O	F	L	A	B	I
B	L	A	I	R	D	R	O	J	A	M	N

ASQUITH
ATTLEE
BALDWIN
BALFOUR
BLAIR
CALLAGHAN
CAMERON
CHAMBERLAIN

CHURCHILL
DOUGLAS-HOME
LLOYD GEORGE
MACDONALD
MACMILLAN
MAJOR
THATCHER
WILSON

Puzzle 180: Theatres

```
N M R E S A L D W Y C H
I B U O H K K N B L R M
V A L E L I O Y E P U B
S N N A C I B R A B C D
B S C O N Y V L N A I A
R A O I A O L I M L B D
A V M L R A I O E Y L E
C O M E D Y S T O R E L
D Y V I L V L C A B B P
Y O U N G V I C C N O H
O M G A R R I C K C L I
K O N S M Y I M A Y G M
```

ADELPHI
ALDWYCH
BARBICAN
COMEDY STORE
CRUCIBLE
DOMINION
GARRICK
GLOBE

LYCEUM
LYRIC
NATIONAL
OLD VIC
OLIVIER
PALLADIUM
SAVOY
YOUNG VIC

Puzzle 181: British Airports

```
I H F N Y Y C S L R T I L L
T E H A B E R D E E N T I I
Y A E S R T D T E T S N V E
D T A A E N S S D H R H E I
B H I H S E B E S D S L R H
L R G C H T T O B L T C P G
N O I C N S M M R S P A O R
N W N S N O D I A O T L O U
A A E A T P D C D H U M L B
M N T I N O W N F L R G N N
N S A O W E L G O R A U H I
V D T N N N C I R L N N D D
H U M B E R S I D E E H D E
L D M A H G N I M R I B R S
```

ABERDEEN
BIRMINGHAM
BRISTOL
DURHAM TEES
EAST MIDLANDS
EDINBURGH
FARNBOROUGH
HEATHROW

HUMBERSIDE
LEEDS BRADFORD
LIVERPOOL
LONDON CITY
LUTON
MANCHESTER
NEWCASTLE
STANSTED

Puzzle 182: Full of Energy

```
L N R U E N T H E T L S
E O I T L O E P M P S E
A G Y W V I T A L I T Y
A D S D O T V R X N L T
M N A T I R S E O V I T
Y A I P M E K W L P O H
N P E M P X G O E Y S P
T U P T A E P P U D H A
Z T M A S T T P R T T O
E E N T H U S I A S M W
T G A C T I V I T Y I S
E A Y L G E N M G E D U
```

ACTIVITY
APPETITE
DRIVE
ENTHUSIASM
EXERTION
GET-UP-AND-GO
GYM
LIVELY

PEP
POWER
SPORT
STAMINA
STEAM
VITALITY
WORKOUT
ZEAL

Puzzle 183: Reptiles

```
P T N L K E T A O E O A
A E O I T N L K L C K K
N N G O L I N T H D C R
E H A C N I P A R R E T
S D R U K M M A M U G D
I Y D S G E Z C C I T R
O E O L L I B S K W A H
T M D E L I D O C O R C
R R O T A G I L L A B T
O N M I A E E K G E R V
T H O R N Y D E V I L E
L E K A N S R W K O O O
```

ALLIGATOR
CAIMAN
CHAMELEON
CROCODILE
GECKO
HAWKSBILL
IGUANA
KOMODO DRAGON

LIZARD
SKINK
SNAKE
TERRAPIN
THORNY DEVIL
TOAD
TORTOISE
TURTLE

Puzzle 184: Animals

E	S	U	O	M	I	G	U	A	N	A	H
M	G	A	L	L	I	R	O	G	C	N	H
O	O	D	N	N	L	G	U	G	T	T	O
B	R	N	T	M	E	I	R	I	O	E	W
E	F	A	K	N	N	W	D	R	P	A	A
A	H	A	B	E	O	E	T	A	A	T	W
A	N	A	A	B	Y	O	J	F	M	E	T
F	O	P	M	A	I	L	A	F	A	R	U
B	I	L	O	S	L	T	G	E	L	O	A
G	L	M	E	L	T	R	U	T	L	A	D
E	L	L	O	M	R	E	A	A	N	O	T
T	M	Y	G	A	U	C	R	E	G	I	T

ANTEATER
APE
ARMADILLO
CAT
DOG
FROG
GIRAFFE

GORILLA
GUINEA PIG
HAMSTER
IGUANA
JAGUAR
LION
LLAMA

MONKEY
MOUSE
NEWT
RABBIT
TIGER
TORTOISE
TURTLE

Puzzle 185: Sunday Roast

C	R	E	P	L	R	A	Y	O	P	R	O
C	O	E	H	O	A	S	E	V	C	C	S
Y	A	A	D	F	R	B	C	D	A	T	W
S	S	U	O	E	T	K	A	U	U	R	U
R	T	H	L	C	W	U	R	O	P	T	G
H	P	K	P	I	N	S	R	A	P	A	B
S	O	S	T	O	F	P	O	K	M	E	M
I	T	T	R	K	S	L	T	M	E	L	E
L	A	M	B	S	S	V	O	F	A	Y	L
S	T	U	F	F	I	N	G	W	K	C	C
S	O	S	I	C	H	I	C	K	E	N	I
N	B	H	Y	I	L	O	C	C	O	R	B

BEEF
BROCCOLI
CARROT
CAULIFLOWER
CHICKEN
GAMMON
GRAVY
LAMB

PARSNIP
PEAS
PORK
ROAST POTATO
SPROUTS
STUFFING
SWEDE
TURKEY

Puzzle 186: Paper Sizes

```
U M O V B G E I S D L F
O G F I R E P U S L O D
B B Q P I S T P E S Y E
A S U A E M T G M T O V
E C A C F A A A P V O I
C O R S B L L G A A M T
M V T L A L O T I P S U
U A O O P R C Y E R S C
I I Q O L O E R M S O E
D V S F P Y I E O E A X
E T A G F A N F O L D E
M T F P L L E T T E R F
```

BRIEF
DEMY
EXECUTIVE
FANFOLD
FOOLSCAP
IMPERIAL
LEGAL
LETTER

MEDIUM
OCTAVO
ORIGAMI
QUARTO
SMALL POST
SMALL ROYAL
SUPER
TABLOID

Puzzle 187: 'Ace' words

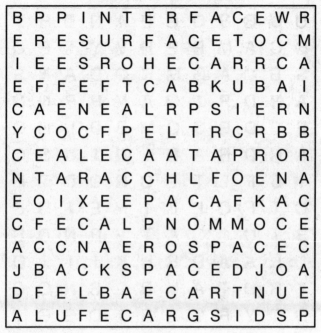

```
B P P I N T E R F A C E W R
E R E S U R F A C E T O C M
I E E S R O H E C A R R C A
E F F E F T C A B K U B A I
C A E N E A L R P S I E R N
Y C O C F P E L T R C R B B
C E A L E C A A T A P R O R
N T A R A C C H L F O E N A
E O I X E E P A C A F K A C
C F E C A L P N O M M O C E
A C C N A E R O S P A C E C
J B A C K S P A C E D J O A
D F E L B A E C A R T N U E
A L U F E C A R G S I D S P
```

ADJACENCY
AEROSPACE
BACKSPACED
BIRTHPLACE
CARBONACEOUS
COALFACE
COMMONPLACE

CRUSTACEAN
DISGRACEFUL
EXACERBATE
FIREPLACE
INTERFACE
MAINBRACE
PALACE

PEACE
PREFACE
RACEHORSE
RESURFACE
TACET
UNTRACEABLE
WORKPLACE

Puzzle 188: Rooms

S	U	R	S	O	E	P	A	N	T	R	Y
R	C	A	M	R	P	H	V	Y	T	R	O
S	E	M	A	G	M	B	O	D	A	T	S
A	N	D	P	I	O	A	Y	R	R	N	C
B	E	D	R	O	O	M	B	D	L	H	O
A	H	D	R	A	R	I	N	I	U	S	C
I	C	F	L	T	L	C	R	O	D	T	D
C	T	F	O	L	L	I	H	E	I	U	S
B	I	U	I	C	A	T	V	B	N	D	S
I	K	A	A	D	B	H	K	I	I	I	D
Y	R	O	T	A	V	R	E	S	N	O	C
D	O	Y	R	C	A	R	I	D	G	G	I

BALLROOM
BEDROOM
BILLIARD
CONSERVATORY
DINING
GAMES
HALL
KITCHEN

LARDER
LIBRARY
LIVING
LOFT
PANTRY
PORCH
STUDIO
STUDY

Puzzle 189: Cooking Utensils

S	K	O	D	B	A	C	T	I	A	V	I
L	G	B	E	K	O	W	F	G	P	P	I
F	A	A	T	R	K	W	R	W	V	C	N
E	R	E	R	O	C	E	L	P	P	A	O
V	L	Y	P	F	H	A	A	I	P	K	O
E	I	D	I	S	O	R	E	L	E	E	P
I	C	R	A	N	P	R	L	F	T	T	S
S	P	M	E	L	G	I	M	A	I	I	S
O	R	N	S	E	R	P	L	A	P	N	E
A	E	E	A	G	I	P	A	O	R	E	K
K	S	A	U	C	E	P	A	N	I	G	E
R	S	O	U	I	E	V	W	V	W	W	L

APPLE CORER
BOWL
CAKE TIN
FORK
FRYING PAN
GARLIC PRESS
GRILL PAN
KNIFE

LADLE
MASHER
PEELER
PLATE
SAUCEPAN
SIEVE
SPOON
WOK

Puzzle 190: Zodiac Signs

```
S L S R S H H E H E T H W C
F N B H E H E T E T M H W H
C C I L A M C H H H E E H A
T H E W A T E R B E A R E R
H N C R T H H I A A L R R M
E C E T H E S C O R P I O N
H H S D H S H I H C T H O R
T D L T I E U T F H T P S N
H E R E A A S S E E T A H L
I E W I B G M C T R H H T N
S T A T A O R E A U B T T T
L C L H R A E E H L H N H T
R U H T B T L E E T E A T T
T H E B U L L H T T S S H L
```

THE ARCHER
THE BULL
THE CRAB
THE FISH
THE LION
THE MAIDEN

THE RAM
THE SCALES
THE SCORPION
THE SEA-GOAT
THE TWINS
THE WATER BEARER

Puzzle 191: Security Measures

C	Y	O	I	D	E	N	T	I	T	Y	V
F	E	N	C	E	I	E	D	D	C	A	T
T	K	C	R	A	M	H	S	O	I	N	L
T	T	F	H	D	H	S	S	O	I	I	I
V	D	C	T	B	C	O	R	R	I	T	P
B	I	P	V	O	A	N	P	S	A	E	S
B	U	R	G	L	A	R	A	L	A	R	M
S	H	U	T	T	E	R	S	E	O	O	E
N	U	L	I	G	E	T	S	S	R	C	O
S	F	O	N	M	T	I	N	S	L	F	K
K	B	I	A	O	V	E	S	N	T	S	K
C	F	C	P	A	S	S	W	O	R	D	S

BARS
BURGLAR ALARM
CAMERAS
CCTV
CHAIN
DEADBOLT
DOORS
FENCE

FINGERPRINT
IDENTITY
KEY
LOCK
PASSWORD
RETINA
SENSORS
SHUTTERS

Puzzle 192: Pet Shop Boys Albums

```
N R U O I V A H E B O N
P A N D E M O N I U M I
E E L R H P F L P Y E G
L S Y T O T I L L E L H
P L A P E N P U P S N T
I A A E G R A E D S N L
L R R U L H N P D E O I
T L A T N E M A D N U F
G L Y I Y H R D T T I E
Y H P A R G O C S I D E
R A Y L L A U T C A V L
E O M C T E S A E L P E
```

ACTUALLY
ALTERNATIVE
BEHAVIOUR
BILINGUAL
DISCOGRAPHY
ESSENTIAL
FUNDAMENTAL
IN DEPTH

NIGHTLIFE
PANDEMONIUM
PARTY
PLEASE
POPART
RELEASE
VERY
YES

Puzzle 193: Pens

```
T P E R U P N E E H N U
R I E D A A I L U I M A
R E K R A M B T A G R R
D U L R M A C T T H O E
E F E E S A N N I L N L
N M P A I U N A L I E R
F B R N O P A E R G G F
F E L F M L R L N H I N
P I T E R B I F L T F A
R A T N A A U E L E O P
N D L L I U Q W O R C A
B A L L P O I N T I E L
```

BALLPOINT
CROWQUILL
ERASABLE
FELT-TIP
FIBRE-TIP
FOUNTAIN

GEL
HIGHLIGHTER
MARKER
PERMANENT
REED
ROLLERBALL

Puzzle 194: Musical Instruments

N	T	C	C	B	R	E	L	N	O	D	T
B	I	F	R	E	N	C	H	H	O	R	N
O	M	U	I	N	O	H	P	U	E	B	E
N	P	P	B	L	E	S	B	N	V	T	N
H	A	T	O	T	N	L	O	T	R	F	O
N	N	G	U	H	E	H	T	U	E	B	B
I	I	L	R	B	P	N	M	C	A	N	M
L	F	E	A	O	A	P	I	O	P	U	O
O	I	S	L	R	E	C	O	R	D	E	R
I	S	Y	O	T	C	V	E	N	A	N	T
V	X	R	I	P	H	E	C	E	L	L	O
E	D	I	V	I	P	H	F	T	P	L	C

CELLO
CLARINET
CORNET
DOUBLE BASS
EUPHONIUM
FLUTE
FRENCH HORN
ORGAN

RECORDER
TIMPANI
TROMBONE
TRUMPET
TUBA
VIOLA
VIOLIN
XYLOPHONE

Puzzle 195: Polar Explorers

```
U S R G E O R G E C O M E R
C T N O S K O O C Y R N E H
W I L L E M B A R E N T S G
A A N G E S O E C L S I S M
D N M T F O R C N A B N N A
D A E I D N M D M R O O L N
E K A C S M A R N I A A W N
B E D A N I E L B Y L E S S
D R S T E W O D A H N E P R
R E I Z O R C S I C N A R F
B I O B D Y O B E S I U O L
S E N N E I F H P L U N A R
R O A L D A M U N D S E N Y
J C P S E H T O E E D E E R
```

ANN BANCROFT
DANIEL BYLES
FRANCIS CROZIER
GEORGE COMER
HENRY COOKSON
JON BOWERMASTER

LOUISE BOYD
PEN HADOW
RANULPH FIENNES
ROALD AMUNDSEN
STIAN AKER
WILLEM BARENTS

Puzzle 196: Vowel-less Words

```
Y Y H S W Y G S Y G G L
Y R Y R H Y T H M S S Y
Y L Y G C P L Y Y R M M
S L Y H Y R M L H L Y Y
Y S M R S Z M Y C Y L Y
M S C R P H Y M N S M T
S Y K Y D S T S Y R T S
G N R M Y H H P L Y S Y
D Y M G Y P S Y N T H C
Y R M M Y Y Y Y S Y Y C
S L Y L Y R D Y Y Y T P
W C G Y Y Y C C H H D S
```

CRYPTS	LYNCH	SLYLY
CYSTS	MYRRH	SPRYLY
DRYLY	MYTHS	SYLPH
GHYLL	NYMPHS	SYNTH
GLYPHS	PSYCH	SYZYGY
GYPSY	PYGMY	THYMY
HYMNS	RHYTHM	TRYSTS
KYDST	SHYLY	WRYLY

Puzzle 197: Pop Musicians

```
P O Y S D R E N D E A U L T
S P I S N E I A I L O E N S
S S D S O S E V O T A A Y X
N A A R M U R S N O N P E I
E N V E A O I E N N N H L R
V D I M I H C T E J O I S D
E I D M D E C T W O D L E N
T E B U L N L I A H A C R E
S S O S I I A E R N M O P H
T H W A E W P F W F E L S I
A A I N N Y T O I H F L I M
C W E N W M O E C R E I V I
E A L O A A N A K T U N L J
T R O D S T E W A R T S E C
```

AMY WINEHOUSE
CAT STEVENS
CLIFF RICHARD
DAVID BOWIE
DIONNE WARWICK
DONNA SUMMER
ELTON JOHN
ELVIS PRESLEY

ERIC CLAPTON
JIMI HENDRIX
MADONNA
NEIL DIAMOND
NEIL TENNANT
PHIL COLLINS
ROD STEWART
SANDIE SHAW

Puzzle 198: National Airlines

```
R  W  A  O  L  Y  M  P  I  C  A  I  R  D
I  L  A  I  R  F  R  A  N  C  E  Q  N  R
B  R  I  T  I  S  H  A  I  R  W  A  Y  S
A  S  N  P  I  K  I  F  I  I  L  T  C  N
S  E  N  I  L  R  I  A  N  A  P  A  J  R
L  N  R  M  E  C  F  A  E  N  A  R  R  I
U  I  R  B  A  L  S  Z  C  A  I  A  I  A
F  L  I  P  U  A  W  A  R  I  D  I  A  D
T  R  R  G  L  E  C  E  I  N  N  R  N  N
H  I  I  A  N  I  D  L  A  O  I  W  A  A
A  A  I  R  C  H  I  N  A  T  R  A  E  L
N  M  I  R  Q  A  N  T  A  S  I  Y  R  E
S  A  S  U  G  N  I  L  R  E  A  S  O  C
A  T  E  L  A  L  I  T  A  L  I  A  K  I
```

AER LINGUS
AIR CHINA
AIR FRANCE
AIR INDIA
AIR NEW ZEALAND
AIR PACIFIC
ALITALIA

BRITISH AIRWAYS
EL AL
ESTONIAN AIR
GULF AIR
IBERIA
ICELANDAIR
JAPAN AIRLINES

KLM
KOREAN AIR
LUFTHANSA
OLYMPIC AIR
QANTAS
QATAR AIRWAYS
TAM AIRLINES

Puzzle 199: Best Actress Oscar Winners

```
I  E  U  D  D  I  M  J  N  M  C  A  N  U
H  I  L  A  R  Y  S  W  A  N  K  A  O  Y
A  A  L  L  E  E  I  A  M  M  U  O  A  L
E  N  O  S  P  M  O  H  T  A  M  M  E  L
A  J  U  L  I  E  C  H  R  I  S  T  I  E
A  I  J  O  D  I  E  F  O  S  T  E  R  K
R  L  N  E  O  T  A  A  P  R  I  M  A  E
N  I  A  L  M  E  A  F  E  R  N  E  M  C
A  N  I  C  O  L  E  K  I  D  M  A  N  A
E  P  P  E  E  R  T  S  L  Y  R  E  M  R
D  A  D  N  O  F  E  N  A  J  C  A  E  G
W  O  R  T  L  A  P  H  T  E  N  Y  W  G
A  K  C  O  L  L  U  B  A  R  D  N  A  S
R  O  J  U  L  I  E  A  N  D  R  E  W  S
```

EMMA THOMPSON	JULIE ANDREWS
GRACE KELLY	JULIE CHRISTIE
GWYNETH PALTROW	MERYL STREEP
HILARY SWANK	NATALIE PORTMAN
JANE FONDA	NICOLE KIDMAN
JODIE FOSTER	SANDRA BULLOCK

Puzzle 200: Famous Composers

```
I L V I V A L D I M P C H S
S N L I B H N I P O H C U B
U B I S C H U M A N N I M R
I M S C H U B E R T L S A A
U L P A C H E L B E L G G H
B R L R L U N S B V L A N M
R E L L V U P I Y E B S E S
U L E A M U S S O R G S K Y
C H C T A I S T I D S R K S
K A R T H U S E R I P A C I
N M U I B O L E A A R Y U L
E D P E K L V E N O U H L L
R E D R I M N E V E E S G A
S S E D N L E D N A H S S T
```

BEETHOVEN
BRAHMS
BRUCKNER
CHOPIN
DEBUSSY
DVORAK
ELGAR
GABRIELLI

GLUCK
HANDEL
MAHLER
MESSIAEN
MONTEVERDI
MUSSORGSKY
PACHELBEL
PUCCINI

PURCELL
SCARLATTI
SCHUBERT
SCHUMANN
SIBELIUS
STRAUSS
TALLIS
VIVALDI

Puzzle 201: All Done

```
I C A T N E M E V E I H C A
O G E N W O D G N I S O L C
D I L D H D R A I N E D L C
P T C E G G F T M D I C R O
S P O I U C O S E D H D T M
T E R M I N A T E D E D W P
D R R P E H S S I D E R I L
E F G D U U A A U T A R N I
H E G L A E D L E P D I D S
S C N H C E C L P P A O I H
I T X D C N P E M T I L N M
N E E A O M D P R G A O G E
I D E C O U D U U R E E U N
F P P C P E C N P C E S P T
```

ACCOMPLISHMENT
ACHIEVEMENT
CEASED
CLOSING DOWN
COMPLETED
CONCLUDED
CURTAIN
DRAINED

EXHAUSTED
FINISHED
GOT IT DONE
LAST STAGE
PERFECTED
TERMINATED
WINDING-UP
WRAPPED UP

Solutions 1-12

Solutions 13-24

13
```
R A N T O N Y R L A K N
T L A D Y M A C B E T H
E D E S D E M O N A C D
O R A T L A O R A L A C
E A A G C O O I E P H E
M D N D D R L O O G A C
H I I A E E P H I M A
K F R R H A O A E H L S
F R E P T N L N A H E S
L L O R I R T U E U T I
D A A U O T E S I F N O
K R S I Y O O G A I E O
```

14
```
L E E N L A T A I E E Y
N C T E T C P S C S T A
L V E A U P H I O R E E
E L U T L Y R R E H C N
M I L E M O N A L L A V
A U L A U C C S N L N A
R V P G V L G O L A I N
A N I S E E D I H I N E
C L N O M A N N I C A C
Y N P T C A Q D C P B I
E R U E V E E C E C E P
P N O I P E P P E R N S
```

15
```
S U M M E R T I M E L A E M
E R A S P R I N G T I M E A
E U O N E E M I T D E B A A
A R T Y Y M Y U E P T T R L
O F T E N T I M E S N E T W
E E E M E T O E P G M M
M E A I M T M M M E L N M I
I M T L E I E E E R T E E S
T J I U M T K T E E T L T
T T M N N E N R R A T E I
H R E M E M E T E T E E S M
G I E S I O I E T C E V S E
A N T I M E T A B O L I C
N U E R E M I T R E N N I D
```

16
```
S F U R K J C K I S P M
S L E D U H R I O A K R
W A T L E E I S S A O J
E M I R A S V S M E E M
E E R R H I O R P M E
T S U T O R R L A O K
H E U S N E M M E O R R
E N I T N E L A V R I K
A D O R A T I O N V T U
R H M L E L D D U C M S
T J M C T H H A O E E U
E A V I L R A R U S V A
```

17
```
W E L W H I T E V I L O
E C T O N B R O W N N E
I W U L G C L O O R G M
U E R L O I G R C R A L
E A Q E L A Q E E I I
C O U Y D N T E R K P B
T C O N G N N C U N E L
E G I E B R E V L I S I
C P S S I R G V E P Q L
U I E N R A M A U Q A
P M K S N L M Q N L L C
W T E L O I V N A Y C B
```

18
```
M R N S Q E C H E E C G
H R N M I B M T S I U N
G P T E N I S N S E G N
S T A R R U S E E E N A
X C E R N A I D R A U G
O R O U G R L N P V A U
I R T T E E S E X P E O
D S T C S M I P E T A R
E I N E O M I E N E T U
E T M O M I A D T B P A
T I V R O H M N N N M G
T M L U E M P I N O X T
```

19
```
L L A B T E U Q C A R B
L S N N Q B X A R E A A
A N O T N I M D E E P S
B E L F N N L N A G I Q
E S T L T N A L L N D U
L S E H E T N T T O B E
D O K L S A E E E P A P
D R C E A A D N N G L E
A C A A F C U N N N L L
P A R A R B E Q I T O
L L A B D E E P S P S T
C A S L L A B N A I Q A
```

20
```
N S E R B S A S Y D O T I O
E I A G R N S A O G K I G A
T L E M A I S V E E L B L L
C O E P M R E L O R Y Y O
T P B K S R D C P I T E B T
I I A L G N O I S P N O B R
L L L D A R R F E D A A N A
I L T S T T C T Y F R E A L
R A I G E L T S A C W E N R
F G M D E E D R E Y E N A M
E N O T S E K L O F A L I B
G S R I K R O R A P G E L I
A O E R L N K O P I T P S E
S T T C A L A I S I L T N R
```

21
```
R A O O R E Z A L B D H
S E O E N A M L O D H A
A C T Y O L A D H S C L
A A V A E R Y W O A N F
N G K F E W E T O A E O
B O F V A H N L G O R M
H U O R C I C C O A T R
D L M D K P L D C B A O
T E K C A J R E N N I D
R K A R O N A O E I O I
D M K F R E L I D A W D
N A L E N D C G F R N W
```

22
```
D E L O E Y N A E S A C
I N O M O U N T W O Y I
G R A N D C A N Y O N T
T M W L A H A M J A Y T
U A B U S I M B E L L O
D N A L S R E S A R F
A P A L M Y R A N O A V
K I W A L A M E K A L E
A L U N R T I G T A W N
K A Y T L S N O N S A I
I B E B R A S I L I A C
A P Y A R K B A Y E I E
```

23
```
T D Y D D U B H E E Y S
H H D D H O E O C D L S
E A E S A E R G C R H E
L Q I P I L M D I S G H
I Y E M H R G N Y T C
O E E U A O I A C H A
N H V E N M A D J A V
K R I D D E M U C F N E
I C T N E R V A C L Y D
N L A C E O G A M E M M
G E R T E O L I V E R F
M I S S S A I G O N H S
```

24
```
L T C G C J A C K S P R A T
B S N U B S S O R C T O H
D O C T O R F O S T E R B B
E L I T T L E B O B E E P A
D I N G D O N G B E L L W N
O T Y B A B E Y B A K C O R
D E D S I M P L E S I M O N
C G E O R G I E P O R G I E
E L O C G N I K D L O N K G
L L I J D N A K C A J L O E
Y T P M U D Y T P M U H O D
R A J N R A I N G O A W A Y
L C S A A A P I A B E G N R
E L K N I W T E L K N I W T
```

Solutions 25-36

25

26

27

28

29

30

31

32

33

34

35

36

Solutions 37-48

37
```
SALTOSTRATUS
FUUSURIMLFUU
ICTCUNAASBPR
BTRACCGMOIR
RASURURIUOLI
AASRNTNONSEC
TTSOAOSUTUUT
UASPLOTONNSA
SULUMUCORRIC
SIMROFITARTS
LUNDULATUSS
CSUNALLETSAC
```

38
```
SPOTHRILLERA
EHAKEEIRKKOF
ODAPEXUYKCMY
CDIRECTORYAK
TLSCDROBLDRN
HCNITBBOOKCD
GITIEAACOEH
MRSDHCGCCLKO
NOITCIFNKKKF
EUEMORESALTA
GECNEREFEREY
SYRETSYMORYO
```

39
```
EOPENYTMLURT
NEHNENPAAMPH
OEJAINEGEHPI
NPOLSRTDIOAE
MECCTNELERNH
ETAEMAODTOOD
MISSDCCGTPA
ANTTTPFDMEB
GIAEULTMIARU
ARTSENMETYLC
UEHCAMORDNAE
SETSEROCAEGH
```

40
```
RNRHNODLAMBNRL
CLATOWTONASEBY
ROPRESTONPANSD
CCUOEIANFLWGBE
UNOWOOOALONSDG
LIESICILDITISW
LIOKKHGTANEIO
OIDDFENSLGDGIR
DMURGIABTGIORC
ERKDLHAOEMERLE
NTELNNNMUNMLIS
UMARSTONMOORNT
STAMFORDBRIDGE
SRKDROFLUFNRNR
```

41
```
DRNIENHNMLOE
MYHORYOONCEG
EAXIOXAGRKND
OEFOYEERRCGE
GNEGORDYHALN
YEERGHHDLL
LNMGXTOXGRDU
EFLUORINEONN
NONNTRADONYH
NFNNELTNKNRO
GNEEOEEINREO
NRNXCILHNROX
```

42
```
ENCCAROLINEM
TRLAONLFPPLR
EPERSEPHONEE
RBOVHHFLYBLA
IOPNEFERTITI
NUAHLNABZANR
IDTNEMIAAOBO
AIRPNSBUPETT
NCANAEPNGUHC
HCVBTITANIAI
FAEHOPELEHAV
ELEANORAANEM
```

43
```
NABPECSHCIRTSO
ORNFHYULCGNOI
ANTTGOMRPZEAAA
RAENLHATEEHCRF
AEUAGETGRBAEKF
AMRHINOCEROSAE
EAEPTDPRAANPLB
DLAEDAOCAPIAAL
OKLLNLPPCRKAPO
ORIEEAPRZCDTMP
PWYTZGIRAFFEIO
PHNXBAHJAWNETI
WARTHOGSAROPEL
TREALMESGLKANA
```

44
```
TEESIOUQRUTZRP
POAVENTURINENE
IADOUTBEGLACNU
UISUYAEAULCC
TCERRARGRZLTHO
AATROEMEAAXREE
NRILYSPAMLYMT
ZNNEMSERRSNNEI
AEAEAMUGOOERH
NLSJLONPUPNEAC
SIOTDENAXELA
TAOJADETLRADL
ENOTSDOOLBPTMA
EIMENOTSNOOMZM
```

45
```
ONOITCEFFAHCDE
EGNANNOYANCENT
NNWFECSSHDRYNA
EIOUMAUAHTYERN
SRRYTFPRAAMENG
IERANPYHSSMMIE
RFYTLITSOHEDR
PFWNOITARTSURF
RUENPERSSRYPO
USDEPRESSIONTR
SUARANYHTAPMEY
HAJBSLOATHINGP
EDMLIRIAPSEDC
EERSDGINTEREST
```

46
```
BPEEDBSAVYNT
RLIGAMEBOYUD
AALAAETBRRGT
LYNXEGLEBENS
RSXNEANONTEA
NTCNUDGEXLNC
MASTERSYSTEM
NTREAIWNETOA
XITSVSIYNGE
VOXPCENGINER
SNBNINTENDOD
GGGXGAMECUBE
```

47
```
AEVORPMITZDT
CCYFITNEDAS
EHECWCLSSPEE
BAKALEEAPTP
ILLUPAPRCAA
RLDHRPELERR
CEOCRCULKEDA
SNHOCFNKLAT
EGVALECUDERE
DETARTNECNOC
RECOGNISERVE
EDAHSHELTERK
```

48
```
OVOIKSTEJFLAMU
ACARRSUBINIMMS
TIPPERTRUCKEOR
EFBJHLEREAMNTK
RFATRELORDAOR
CERNECOELOLRO
AACGCYCZRLEPBT
MTYKGEONFMEOIC
PNYISDCKATARKA
EBNRLHAHREER
RUNLRAPPCUATT
VSUCMOOWSSABIS
ABICYCLEDEPOMN
NAGGOBOTAXIICCA
```

Solutions 49-60

49

```
O D N A R B N O L R A M C E
Y C O L I N F I R T H O J L
L G T E N G L R F H J N A O
O R S P E N C E R T R A C Y
O B E N K I N G S L E Y K G
Y M H S A S S E A N P E N N
D A N I E L D A Y L E W I S
D O O G R E G O R Y P E C K
N O T O M H A N K S A A H J
S A L S A N J Y Y K O A O A
T D R O O N T G G A N C L S
Y G A R Y C O O P E R B S T
Y H H P E R A N C W A H O I
E E C I A J O H N W A Y N E
```

50

```
N U A M O M H N N P T A M M
E M B W E M O L O H T R A B
D P N A B R U T S Y O R T I
U H A P R A P T S G K J T S
J U T U P N R H B E N A H A
U L T H O M A S L O I M
O R M A A H U B B L M C A B
A O S A I N A N A U S M
S N T H A D D E U S T P N J
S A T V N P U R P H N A P L
P C L E O P A S E M A J B D
M D T H R W T M W U I T R S
S N T K S L U K E R M H B E
I W O U I C S T R E B A H M
```

51

```
O N A B O T T I G O K R M R
U M O M E L E T T E S S C O
E G A S U A S E S L G D T I
C T N A S S I O R C E G A B
S L E I N T H A E T I S S O
S S E T D S E R N T R N N S
E L O O C D E E O E W I A B
K T A M O A U M P D E E E R
A I S C L A A P R E M E B A
C G S B N J T B K N R T D B
N S A E O K H S S S C S C E R
A N B T C S N H T A A A K G
P A I N A U C H O C O L A T
K T W H B T S T R R A U B S
```

52

```
A O P T T O O O O T C E
A D M O H R U A O A A E
N K B A E E B M M G C A
B O T M T H M N E I P C
M L R M A E O N G O M N
R M D C A L B B A A L A
A E O A P R T M P P E
P P T S T M M H M M N A
P E P S I L O N A M T M
Z U N I R G E K B M M P
D D G E G O M D A T T D
E E G H I O T A I R Z T
```

53

```
J U N I P E R P S E V I H C
R D O O W M M R O W S L S A I
F K I A G A L L S P C E L
P E L S S A I A L D Q C C A
K E T B E S R J A R U A H N
A R O N A G E R O E O P T
F G W O N S E R A F R E C R
F U A O G S A A C T R O O
I N M R R G L W P R C S R R
R E W O L F R E D L E U Y I
L F H T A J P O N M R T A S
I E H L Y P C F A E L Y A B
M S F M E T U R M E R I C W
E A O R C R Y E L S R A P R
```

54

```
L A T S Z E C E O I E L
U C T S P N G F F E T P
P A G A O L P M T L E A
O Y T R E S U A Y A Z F
L U A G N H M R R C I R
C T A S G B W L M I A Z
F L Y R G H M O T T M O
N L O E C I R D L I W P
M S O M L A N E Y R G T
I R A L L R P O T T E W
E G E A W S A M F B C M
A T O P S L Y B R O I L
```

55

```
K S T C Y C L A S H G S
E R S A C U L E I G H R
S B Y R O V I S Z U S E
I P C H I T C H C O C K
K M I C O T A K D R O A
C I H E T M C E L O R D
E K E O L I R H I B S A
M M C A R B C G I N E A
E S P B E A E O P E S K
Z E U R O M E R O T E L
D K G L O E K H G T A T
E H M O A A L T M A N G
```

56

```
R C T S S T S A I H S J
B S U I S S A C M A O U
O O T F H Y Y L Y H B L
P I L I H P N E N O R I
C U K I N G J O H N R U
U T D O N H F P T U S S
I B M R T G U A H N A C
H I R B A J B T S T A A
T E A U B H R R C N D E
B C N I T A C A O S C S
N T K R S U T I T K T A
S T I A Y C S T R N E R
```

57

```
S N A A L D R N A L A J
H S E D A R P R A T T U
R A Y A L A H G E M O J
N A G A L A N D O K H A
A A L A R E K O A A W A
E A H A B U A M R R R A
K H H T N S P K S N A E
S I S A S U H K A S T
B E N I N A K K N T S A
W A R J N K J A A A A R
A O A D A A A G K M M B
R B B M M I Z O R A M B
```

58

```
N N H O U D A N B P E L
C A O G A C A E B A G E
H N N T R M L W U U N G
A U I O G U H H L I H
M R N H C N B A P U K O
U I T O C N I M R T R N
M C I A R O A P A B O N
G O E R M C C S R H D N
P L Y M O U T H R O C K
I X E S S U S I H C I H
E B P R O L A R T S U A
R N E L L O R E V A F H
```

59

```
P A U K A A L Y I M A M
T R U W U A E T A O B A
L E A N A K O L A G P A
N O A L N L C B Z R M N
H D I O I S N O U O N T
M N M H G N T U B U U N
H O A N C H E S T N U T
E M D B R A Z I L D U C
T L A B U T T E R N U T
A A C U A T Z S A U C U
Z R A A P A S E I T A I
A G M L H O P N U P D C
```

60

```
N K T U R K I S H A C F
C G K C E P A U U D Y
H U E E R A A N Z S I T
I A R S A L A D H A S E
S G A R E T P A S T A H
U C I L Y L N Y I J Z Y
I G Z I H D D R A J Z G
I Y L H C S P O A A I S
O P R H A R U A O F P S
N I I P Y S L S S N I D
S P A G H E T T I T S T
S T R P Z N U E S H U H
```

61

```
N R G B S O M T L E I E X O
N A E B E Q O R V K D V B R
M N Y E E R T T W O O T T U
I O N L R X F A E H M O A R
L G S K E T A T V L N R R
T R R A E V O R T V S N T O E
O A B S E L E R D H I D E G
N L B O B I M R R O C R E N
K O L R E R C R T L G E K I
R I R R B T H F B C R U L F
E L L I O T C A R V E R H D
S I G N I K A R T K E L E L
T M F M A X Z O R I N V A O
G E V O L R O L A R E N E G
```

62

```
S Y S E T H R I E A H S
P N Y H L R E F P K C I
I G A I R E D N E G T F
N N E T M B O Y R C A H
G P T S I W E S V M I
E H O E T O M D O N E L
E O N A R A N U N G B E
I T C D N E R A A T F O
Y O S K C I S S L L I S
L B C K T P S T I S Y
C I O E G E S R T G T T
N G S R M T T K Y N N Y
```

63

```
S A L O H C I N S T E I N I
P A N C R A S S N J B E J E
D P N R U D A V I D T O D O
W E A E S G S E H H T R N
E T T R U H N A O N J U A E
N E J E E O P R M B E N N E
C R A F O N A O J R T A O A
E A M M R S S S T S L A E P
S N E R M C U R A S T E L A
L D S O O I A B N M D L T
A R R M G S E A I W O R R R
S E N I T S U G U A A H H
A W L E E Y R O G E R G T C
E E S N C L M I C H A E L K
```

64

```
E Y L P O N I M O L A P
E N A O R E U L B G T T
D D T R M T L E R R O S
D A T U N T S E H C K L
R L P D U I E D R E O B
M B B P B B L M W T L D
B I O C L A Y B A N K M
C N T M B E A L D E U A
T O N E C L G B O N R D
O U J A D F A R S R R C
L P P L P Y K G E B T E
P K M Y Y E O O K Y P A
```

65

```
P O P P Y L I L N F I W
N I S I L L Y R A M A D
O N U N L A Y C A L I L
I R N P Q U A S L R A G
T I F Y S I Y I L E
A L L N N E I S S A I R
N Y O Y R O S E D D D B
R S W I W A E I D R O E
A T E E Y R O P R N N R
C O R N F L O W E R A A
L C A L U N A P M A C D
L K L S D A F F O D I L
```

66

```
W S H O R T L E G N R L
N B R D E L W O B E U N
F O L G P F E I L D E R
R U O F E U S W K I D R
E N L M E L O O C A P E
R D I L K B E E U M L C
I A L I T H I R D M A N
P R L S E O R N A X O U
M Y A D K O S E U I O
U F B U C K S S T P Q B
N N O D I M Y L L I S S
I R N M W C E N T U R Y
```

67

```
T N E G A S W E N C S D
S N A S M L S M O P D P
N U P T O I D R A O O O
R O P O F L N P C H O S
E E R E T E S H S S D T
R E W M R D E K O T I A
E F I S H M O N G E R T
B H H E I O A S M P I
E O D S B A F R T E E O
P E T R K S B A K E R N
G R E E N G R O C E R E
H D E P A R T M E N T R
```

68

```
R E S U O H K A E L B B R C
A L M R E T R G D U P A H P
B N C A E R I N T S A R P M
A O O K S P R U A T I N N U
R E L S W S A C R S N A N R
P L S D T P T S H B C Y
H K I I V N C M G L L Y T I
I E C E N E A K C O L R C B
T L R H I S R Y P H F O R H
S T P R C R D T E A E D H H
L Y D A T R S O W B P G U
P C R D H A R D T I M E S M
B O R K U E D D R D S O R E
L I T T L E D O R R I T D S
```

69

```
U C G O L C R C E U W T
C I R C L G D L G S L K
O K A S H L I P G Y H D
T L T Y L I T P E E H S
F L E E C L C K N N C O
H U O K S B N K O P T N
T B N R O O S T E R L E
H K C U D O O S K N F A
B T K T K T R G H H C S
O E H H B O N W O C R O
C C T C H H N B M A L F
R R H C C K C H S T T B
```

70

```
T M C A N B E R R A N L I N
A M A D R E T S M A U K R A
W E S A N T I A G O N I R I
M I G R U O B M E X U L L U R
K N M S V S T S S I R A P O
O W E L L I N G T O N B M B
K T D G O E E E N L N A U I
G W S L A H S N H W B L H
N S A E N H K S N T H A A L
A R N S P O N C U A A S L E
B E L G R A D E G R A J A D
B U A M N A D N P T B D U W
M I N S K B W U O O S D K E
I K N I S L E H B L C A E N
```

71

```
P C A E R P H I L L Y R C W
H E C W C C B N S T I P R D
R L E E N L W I F W E E D
H E R I K P A Y L B X M R D
W D C S A N E T H B B I C
I I E N S S N C A R T R H D
H G G E E T A M R X O S I
T I A L S R U D O R A K H L
P O O H D Y G Y E W H S C E S
E N I Y E W H S C E S I W
A R I P W N E E O B E L H B Y
E F N D N S N T P N P I N Y
M O N M O U T H S H I R E Y
C N L S Y L A G W Y N E D D
```

72

```
H T G O I G L S N E D I
A T H H R C E O L A I C
N L A A N R P N U U V S
W E H T T A M J A E A W
D A H G A R E T H M D H
M H N V N L R S I E G U
N C J A M E S B E L T M
V R T B S H L O R H P
H M L O O G C P R H O H
G R R O U C E U E M M R
A N M H C M I M A T A E
H R A N T S H H M M S Y
```

73

```
WEWISHHEEMZLWB
LDYWSNHOORLAOK
ELLLZAGDERNKCT
SETRCYOYGECNUAR
SEBHLUUGIBREV
EEZSLTBMMEPMSC
RTLERVYUAPESN
BUIISOELNEHIRT
ITAURSBNRCLHEW
LBRTEYNNIONMLT
BNTRRGRPCICNII
YLZZIRGNACIXEM
EJAVANTIGERTTY
REATHYLACINESE
```

74

```
TPNOSEENMAILTW
RNNELLEKKCMMAN
ANDNAMDLOYRAGO
WHNBNOSTAWAMME
ESEMMATHOMPSON
TTILDASWINTONS
SUTSHUGHLAURIE
KRDESSELBNAIRB
CSRETLAWEILLU
IEMARKRYLANCEJ
RCOLINEIRTHGEP
TYRFNEHPETSGMT
ADCDANIELCRAIG
PMNHTIMSEIGGAM
```

75

```
TGAOCDPLAYER
NEDVPDRETAOR
KONPTYEAORVM
GEIOMLKSDKAR
ROTSHOAAEIWE
EBOTIRMTTPOY
TLPKLVEEIORA
UUOMEEEIOGCL
PRTSURFIEYIP
MAPDNVFIETMD
OYAANOOTETUV
CTLLLMCELIPD
```

76

```
THGINDIMUEAO
TAZUREDWOPKT
PRUSSIANEETO
ENIRAMARTLUG
RGIRORSUASLI
INEGDIRBMACD
WRLRAGOKUPEN
IINRNUCGCDPA
NNOQULOSPHRL
KTISYUEUNIBN
LSITSACASRAS
ETLLTSLPNELE
```

77

```
PFNUEFEOPYAL
IIOEUOFARRVE
GDJIVRSRDERE
OREAMAGPIEPT
OORGBGRTRTNO
SBPNNIUGNEPB
EINPARROTNYA
PNOGKEEUINLP
PYAEEGEFPIRN
FBYRIDFSULAB
RLNPOURLEWGE
BSGBPBRESANW
```

78

```
OOPOEREMSARGAT
LYONTARIOVOLTA
TLRADHRIYCENNA
IAGEPINNIWEOR
KPAAUGARACANEY
AEHNMPALLUNEAB
TIDAHNRLTMDNME
RPRKNXAOTNEETL
IUIOTRAITRRPF
NSCCRHEOKMREA
EHAIAOHOIREPUS
RVBDEIKABIRAKT
TBODENSEESENOT
INIARTRAHCTNOP
```

79

```
PRHSINROCWELSH
HIHCTUDJWLHHCA
SEKRSNICTSUSNO
ICMSWAALBANIAN
LNILLSXFAPGNIA
GALIGLANOHAASL
NIAASETRAGRPIA
ENNFRNTHDMISRT
IIOFOAUUHUIASFA
ETEMGICELANDIC
USRUGUKRAINIAN
EEEMDNORWEGIAN
GSERBOCROATIAN
ELHRNENEVOLTSFN
```

80

```
WODNIWTUOWELBD
CAUGHTFIRETSNR
UALLILNTANPKRO
HWOEIELKADAAP
OTTKFFHILISINP
IBWHDTBITTPTEOE
YOWEWOOMLDYIUD
SIBLINGTOOKII
UTUOKTLATTFOON
BOOOFRTKTSSTFS
OONLTAOETEHDI
OICIEILLTLDIN
TSEUTNFPTINTMK
USBSTICKBROKEE
```

81

```
USDCEOTRSISRST
INOKENNOKTNOWV
LELCRAYOCOYOEA
UEMUOMZDIOLDEC
MTAPCZSERITETO
NENOSKCHTLSHSM
TYAFENYSATTII
NBLTNTLFMOOTXN
EDIEOEDOONNATG
NOVADUDYTRYKEO
EOEUTOOEKOSCEF
TGCZETSKDIDONA
OKLEGSELEVENKO
SBTONEDOZENKOE
```

82

```
CGNLAMATNDFYTR
SSTALTTTRTNTC
POHCFAIRREACTK
LGEIEEHEOGIUE
ATASORWGCPDNWO
VSTURONIRSEOT
SDRMRBGTESKMHC
ROEKOARAKIUASA
EESMMTDTGROMTB
CDKNOTIDHXEA
NOHSNCAOYTRAPR
ARPGUSKNBMCCPE
DRRCABTNSBRAUT
RCTNEMIMOTNAPS
```

83

```
YISDOOWREGITOD
ERMSCDKDRDNRSB
DEUAADLTBFIIGU
AMCDRMCAAAREEP
KLGSSKKCFCGTYA
OAARTAFOIKNAKT
RPNOEEROREGOCB
KDSWRGGBRSIRT
JLKGOANTSIXEUE
IOOOROEOJEENKD
NNRCDWSRRWMRGC
ARINANFNRMTALE
NAYRKESLALARIV
TTTWRMTAAMPNIE
```

84

```
ROGAEELIYACM
EEKSANSTSNNM
GEVMEKONGAZA
IPPISSISSIMC
NTNORTNOEAIK
NILENWZIZGEE
OCYAZIOOAGSN
GGCAOTNLLAIZ
SONERAGULNNI
TRIOGRANDEEE
AIULCSUUALYV
MAGLOVSMIYIT
```

Solutions 85-96

85

```
G O A S I S E N E G C U
O M P J E D S O O Q D N
W Y E P O L N A U U U A
I E T U A B G B X E B A
E N S C R N O N O E S E
Y O H T E Y B Y A N T M
L B O N L O T C Z B A A
O X P X N I H H D O R D
C T B J S B F B M U N N
Y P O V O Y B E H I O E
L V Y Y A L P D L O C S
I B S P I C E G I R L S
```

86

```
S O R S P E K O A T E N
K W S S E H T O L C R R
B S Y R G L O V E S A S
T O T M E N S L K E E T
S S O A C W L O W T B E
C P T K T R O R A U Y E
A E O C E I E L R H D W
R R K U K D O H F A D S
F F A P N C E N C R E E
N U E U O T I R E U T M
E M R H L N M T U R O F
N E C K L A C E Y T Y V
```

87

```
S P H E A D M A S T E R
T R E S I V D A R R L A
E O A T R E N E O A A R
A F D A R O N T L G P O
C E M O R I C E O M I L
H S I . A O C V E T C L
E S S R D T E N S O N E
R O T C U R T S N I I S
S R R R N O T U T O R N
O A E E R S O A R I P U
A R S R A R E A D E R O
S S S S W O L L E F C
```

88

```
E H M E T A I B T I M A
N D B O M O E S A A P M
A R C B D N V R C C U M
N M O B B C M I C R O E
T A D C P C N S T S N N
D A D M A T T C H I C M
P G B A O V E P A M C S
M I C S R P I C P C N B
A M H T S T P N A A N R
I A I E T I S S U S T S
O R A R C H I M E D E S
R I E B C L A T A R I C
```

89

```
S K C A L B H E L E T M
L E W N R F E Y C M H S
C H C O Y O R H W W W R
T N W I L U A S A E O N
X N E S T L A S B P B I
S Y W N K F E L W R S P
X K E E O S Y H N I S
H C I I M E C A R P N
N S Y X A S R E T I H W
N S W E R V E G D I R B
Y E E E F A W E R N E E
E S S E D B R I P E K E
```

90

```
L X A S M Y A D N T N U
J E S S I C A K I D A E
C R E A C U S S C R R S
K H K A H L A A D A E I
Y A A E E S R N A N E U
S N T R L O A L E N I O
A N E H X H T I K A L
C A L E Q E E A R K N
N H N L S R T T I N A R
A E A C X H I T N L O T
M A D E L E I N E L A S
L R N T E K K R E S A E
```

91

```
T I E P F U C H S I A C
F C L A E L A Z A . L E
L A B U R N U M H E A A
Y L M K S R Y T M K A
R I A B Y R A C L T H
R L R A T S T U B A N A
E Y B L R I S E S E V E W
B I E O S Y R M F E T T
P A F F E R H E B N O H
S R O N Y M M E E D P O
A R O S E M A R Y E A R
R H O D O D E N D R O N
```

92

```
N Y A O N T B S T P M X L N
O E T A E B N X T Y A M X L
M P S A E B N X N A M I L X
R B R A L N B A A Y B E T N
R H Y E B A Y U J B H B A E
A S L T O Y G E R S O P Y H
I L I S B S S K E M R S S A
S N N S G K L S B Y E E A K
E S P T K I A I I S P O
T A E M Y O Y A S H I E E O
A I K A T B U A E N I M N R
M S Y R E P L N B B L A C K
B B O Y A B S X E O E I N B
N T E N Y A R Y N I E S E L
```

93

```
C P O P I L A D N A S A
E A T S R T I T E N E S
E T T T E T A T E C R G
A L E L N I S A C C O M
F O . O I O K L I R E
L A I . A E E T C O A B
B G T L R A R A F O C R
L G S F T D P T L L E O
R C O U R T A D L O R G
I R A P O L F P I L F U
E A R E P P I L S L G E
T U A O H I G H H E E L
```

94

```
F H A D D R E S S S D P
B T E N R E H T E D U O
A M P D N A B D A O R B
R L L O C O T O R P N W
B O U L O N L G C S . P
G B U R A N S E H R A O
E G L T W W T X E T M L
G E P O E D E L N B O I
O P D N G R E R G G D A
C J A V A S C R I P T M
C H A T S O A N N F J E
W E B B R O W S E R G R
```

95

```
A R M I N U U C N O B R
C E F B M E O M I R E R
I B E A M C N L J O E E
E R R S T R B I Y Q B
S C E O E T T R A I N M
H B B B D X A P O N T E
M E M B M U T A I T A T
R S E N R E A I Y L Q E
U T C B E D V Y L L G E
B M E R C E D O N I U S
Y F D B L R A I N S S J
E A J A N U A R Y U T R
```

96

```
R G N I D D E W F A I R Y P
E R M O E T T N O M E L B A
D E T A L O C O H C C G O N
C B T N R A P P L E . A W E
P N S E B N N C N K O N T
P E E K R M C G B D C S T
D T R A T L L E W E K A B O
L T O C M E R A D E M R N
E A F E S B A D O S R R E
E B K S R N S C S N T O T G
N U C E G P T A T E T H N
E N A E U C R I E K E K D O
O D L H O H C O F F E E A P
G T B C C U P C A K E O Y S
```

97

```
H R I A O U R D E R E M
T E X F O L   A T E F O
D E O D O R A N T N T U
R E S I R U T S I O M T
A L H H I L A S O I E H
U I A O A P H T L T D W
T T M T H V V H H W I O A
E O P T H B E E S D O S
I H O S R E E R L N S H
O O O U R Z R E W O H S
T A S A E X I T L C H E
P H O R A N E F S S R I
```

98

```
S J L A M A M S T E R D A M
L E N Z A E J E S S A T O E
M E H N E R N A S I M O E E
A R P K R E N M G M N A I M
K L A P K N M F R B V A V
I I E K A T F B N P I O S E
R E O S E M A M O O N L D S
D U S N C R A T S H T R A E
A A A N O Z U N O T M O N D
N R S D S U E D O A K D C
Y N A N I L L U C S E E C A
R A T S M U I N N E L L I M
J A I Z N S K E E L I I B U J
```

99

```
H A N O H P O N E X E E
O I O S E M A L A H R S
S S C L O R T L C T I K
D S A A E O H S R U A E
D E B R T N Z A A R R T
R T S S O T S E L O L C
E A C E G S M E N O O
T R C I A S A T K S V S
A C N A U R E X O E O E
I O A O X B T A A A R R
C S R S R E S E O N X T
S T F A C E N E S T A O
```

100

```
G U Y A O O A G D I S N
O C C R R E N N N N C E
Y R A N O T C I D H T
D R T N C T A T S E E Y
T L A Y A D N U A X D S
R O L L N M R E E B U T
S U O E U U L A V B L N
A A G C A B N A A N E E
H A U S N V A L Y I I T
I T E M S U L C U A T N
L H V T R Y I U O M A O
T O E N S S U M A V U C
```

101

```
G B E I R E U N E V E T
A M U S I C E B Y R A B
T P W F L M K S W B D N
I S N R F P A G E B O Y
N O I T P E C E R O S A
C E G L D N T C M O O C
I M V F T R D Y A S O G
G D I A M S E D I R B M
L M M M I N E S G N I R
S R E W O L F U S P O N
C N C H A M P A G N E P
U M N Y C T E E C L N P
```

102

```
C T N A E A N E C Y M C P E
N L E V A L L O I S I A N M
A G O N C L O H E D L C A E
I E B I E E I G A R I G S
R T A A N O A L E H D T C O
T L Y V Z E L I L I E H N I
S I L N H I L E T G E A G T
A N O A T O N I A H T L H
A R N H C I T N C U I S R I
B N I L A A O N L O H C U C
L C A N G R A V E T T I A N
T H N A I R E T S U O M O G
G L A C H E U L E A N E O A
```

103

```
E I D I F P A U S E I
C I E E I F E O G T N T
O N S S L U O A S T T D
M T T U D I P T E C E E
M E A I S P B R I F R B
A R N K O P M E E T R S
I L D T E I E R R E U O
D U S T S F M N A A P P
C D T S T I K S N T E
E E I P N E R V I I E
P O L T S S E C E R O U
N N L O S T R I K E N N
```

104

```
H I J C E M A A T C S P
A J T T I T H A N K S I
E R A S N M R E E D G U
D X D M I O A E R E I
K A N Z G B C K G A F O
I O S A I C A R G E H R
T T S D E D E E O A A
T O A U G O K I I M R K
O P C K R T T U I I K
S D K I D E K U J I S P
H I S A K A M I R E T O
E J H O D A G I R B O O
```

105

```
M W U N N E A B Y T N S
E B A E A E E P I N A A
R Y L T N W N P L T N H
A R N A E O W I S A H N
S R A N C R R U N C A A
P E Y A T K M A A A E E
B B E R A A B E N A P P
E R N G R A P E L G U P
R E O E I E R A R O E B
R D M M N A H T R R N M
Y L E O E E H C Y L Y Y
P E L P P A E N I P L N
```

106

```
M A D H J A I N I S M C
M S I C I L O H T A C D
S A I T E N R I K Y O A
M D M N I I D S I D C D
C S S G A H O U A C T U
Y T I N A I T S I R H C
O H A H O O G W M S U I
D E D O D T D U R H M A
I N U C I D N A F I I A
O I J H C S U I I N J B
T O I S L A M B H U O I
I T Y M S I H K I S I C
```

107

```
C A D E R R N S M N E C
W C T G S F L O W E R R
L A C E A V S L L E R E
E C L R G S X B R R E M
F T A S E C A N S T S D
T U I C H T R H E E R D
F S N E E R G R E V E E
R E N G C U U A D N B I
V F E R U E C B L S M M
W V R A S S E E I C I S
B M E S A P L I N G L B
R I P S L E M L G T C A
```

108

```
A A D E M O R D N A S A
S U C E N T A U R U S A
A R O J A M S N A C C
D R S O S C I R G R A A
S A E I D O O O R N S
U E X I A C I N B A I S
I X S I T O P S I
P I N R A M L M N N S M O
R N P R A I S E C S I P
O A I S E I I G Y O N E
C U R S A M A J O R O I
S U I R A U Q A J A R A
```

Solutions 109-120

109
```
R A D N A S F R A W D F
Y H T E F D F M F U R P
N D O U S E U E M A F E
M E F M H O P S W P D R
C N G O B T N D E N D I
Y R D U E I A G H G M N
C O O N N U C E N M O G
O H F T O G I N D O A U
M Y W A T E R N I C L E
M N M E I F E D G Y
O A N N E D A O B M H S
N M R D M A B A E A S T
```

110
```
S N B D L E E W A R D D
D R A W D N I W D A I E
I H L D P I F I E F R C
F H E I E P U O A H W N
D A A O I P L E M D L
A C R W T I K B A B R A
O A I A A L R R E V W A
F N C N A I S E G B U N
I A E N D H I E E D E T
J R D E A P I A A E P P
I Y S L N Y I O N I A N
Y T L A Y O L I A I S T
```

111
```
R P E T F H M E O W S R T L
S R L N O A R W N O L V T I
E U E W I A D M E C G H E D
E S C T V I L T T G G N L R
S L D O F I E O S R N E E T
D H P A F C E I O E I T P F
A L F N N S O W G F T P H O
F A V I U U T G F U T E O L
I O S G U E N Q H I E E T D
O X T A T O H S P A N S O S
E S R L S T S L W A G D L N
T H E X P O S U R E I A E L
N E P E T M A C R O V E N R
W I D E A N G L E L E N S C
```

112
```
O A T F D M D O R D N U D R
L S N P A U K T E K C O R A
N Y A I Y K F T D L O O D
R E D N O W N E D L O D G F
E R R K T U I L O S C P G S
P P A F M E P L T R C N I
I S W I R A S E J E X A I R
P O D R E R A M A R O L E
S A E A M A R I S P E E R E
I C G P E C E R S P E R A K
R C N P P R K D R B D K C M
A O I L E T T O L R A H C P
M R K E C B A Y N O M R A H
E D M A R F O N A M O R D Y
```

113
```
S N C R A M L R T E A O
S U S R E S U O R T H K
C G G N A G I D R A C A
I S N Y P R K I M O N O
N E I O E Y H C R C S L
U K G H R S J F U T H C
T C G C T A R A H S O I
R L E N I J S E M R I L
I B L O U S E S J A T K
K M K P R E T A E W S N
S F L E E C E J N R B T
T N O S U P A N T S D T
```

114
```
C C E M O D E R N I S T
D O E U Q O R A B E I O
O R D I O N I C D C N O
R I G R Y R A W J B N L
I N B O O Y A A Y O A C
C T E T L R C Z G C I I
T H C N D D A N N G H
N E I E B N N S E E R T
V A A E T I S I Z G O O
A N A D A L L A P E G
T N N I L B S C I L G R
N E C C R N A M R O N D
```

115
```
O E E L I P R I N T E R
C T V O W E B C A M R C
R O T I N O M D E C Y K
E C M N R N V K S M O E
U H A R D D R V E L Y
V C A T B D A R D B
S R P R W Y P C A Y Y O
T E I T P T R G O E R A
O V E P R O C E S S O R
E N O H P O R C I M M D
C L T A B L E T R O E R
F T D I O I E S U O M P
```

116
```
O S L B A N A N A N R E
B H E S R T C B I R C H
Y C P O S U C H O O E E
T E L T U N T S E H C B
N E P C T O S Y L R U O
A B R B P C I C D D R N
E P I C Y O A A E L P Y
H P R N L C E M R D S F
P I A A I L O N G A M
A N V C C Y P R E S S R
L E U U O I E L P P A
M A P L E F T A E S P B
```

117
```
S R L R O S A P Y S Y A
S J E N I P R E S O R P
N E U T A V E N U S U O
T J R M I N E R V A C L
U S J E A P N S L N R L
A B A C C H U S T V E O
C R L T A T T J I A M A
D U O T U L P S A A D R
V I V L M R E R I N I O
S E P S F A N A I D U B
S A N U N U R R B Y A S
L L N I C L H S E C S R
```

118
```
E H M O R N P T S H U E
E E R O E N A B O P N P
D O A S C I I I C A L F
N N F C U H H R C T C E
C I H N N E A E O E S U
E K K A E W D M R N O B
A S P S H C S E O T K O
H P B I R E V O M I X O
A E D I H E S R O H S H
I E H A H R E I N H T
W H P C N T A D H O E O
P S T N A V E L T D S C
```

119
```
S E N D I V E B U A T A
C H S I D A R E S R O H
R T E E H O N P V E S S
H T C H C A T C W P A
C E S C K R P U E O P U
A C O P A I T E T L L Q
N L M G N T T A V F A S
U U S E C T I V I C S
P S R L O O D E H L A E
S A O R E B M U C U C R
P H N S I O H C K A P C
H P S P I N R U T C O P
```

120
```
I O I N I L E B B S N
D O L D E N A T L E N A
P C H I V S S O A Y O T
I A V L R I O B C D W T
N V V I E D R R K A B A
K E E B Y E L R V I A H
L L N M E C L N E O L N
A L A Z Z A B M L U L A
D R E I M R A I V N M
Y R E V R D W E R C S
N A I S S U R E T H W
I A T I R A G R A M M B
```

121

```
M P U D E E U R O P I U M R
T M A L A N T H A N U M M O
A E T G A D O L I N I U M I
L N B E R Y L L I U M N U U
U E U M M A D T U U R E I N
M O C I D U S L O E T M E
I D Z I M U I S O R P S Y O
N Y U T N S M R E G O N O Y
I M U I N A M R E G O N O Y
U I D O T C U N P H C U E L
M U S O D I U M N U T T S O
P M P M U I D I B U R U A M
M M U I B R E T T Y N O R I
I E S E N A G N A M N A P U P U
```

122

```
B P T O N I S R O O K E
I P E N I R E H T A K U
O S R T O L I V I A K A
B N E O R B O T G B R N
E N D B A U R V E M I T
N A N Y A O C A L S E O
E L A B P S T H H A L N
D O S E V R T Y I V M I
I I Y L C I K O B O
C V L C S O I C A N P I
K E E H C E U G A N I R
I L E K Y P Y N V E S L
```

123

```
W I S A R S E N A L N F
A L L I V N O T S A A U
T M D W H T E V U R G L
F A E W R C B O N E H
O O S E E O L E D V W A
R C V N L S W W E S E M
D E G T T C T R R S T Y
V B O A A A P H O P T
C N M S T O K E A O N N
O S T T O C H I N M F R
T L T L U C A R D I F F
E Y T I C L O T S I R B
```

124

```
A A K V O R A X I S E L
S A A L A V P S S B C E
P D Y D E E D T E I R A
E N A A N V E S V X M R
E R K O T D E I F I E D
P S O O F C L N D S S
I N E T S D N I D O P H
O A M A D A M E L S M A
B A R E F E R O T O R H
S O S E R E S A G A S S
C T O R N R T O O T X D
O D O B R S E E N V T Y
```

125

```
K N X F I R E F L Y R S
B E F A C I R P A C E D
T V V T O T S E U S D O
S E L I F X E H T O D L
T S T D F A H A C A W L
C S E A B R T A T A H
R E A O G T O S R L R O
U K L E R R O L C N F U
S A I E W E A W Y A P S
A L K H X T H T N B R E
D B O O A R H S S N A E
E O D O O W H C R O T B
```

126

```
R J L A N E A N V K R C N E
K E N X O N O S I D A M K
M F W N N R E T R A C J A I
G F D O O C A N O S L I W K
R E E F H S O J D B R M M N
K R L G J N K L M R O C A
E S I R D O E C N L M N K M
N O T G N I H S A W O R I U
N N G G F A L N I J A O N R
E I R R N R O O S E V E L T
D F A A O R E V O O H A E E
Y G N A G A E R I C N B Y I
I O T O S M A D A M A B O E
O T S E U H L O N D T E O C
```

127

```
D F T H D O S D M E A K
R S E E E U S A P S N R
N H S G F B H O E O E L
T E R F L S R N T N I
M T O R A O A R U N
A L D M L G P W D Y A C
K A D A A D S I N E C O
R N N R A E H N E L A L
D D A A E I I M R A L N
A N R T R U R N E N M K
D T O N I R E M P D E O
H E P O X F O R D I O F
```

128

```
P N E T D N N R I N K W I A
O A B S O A E T T D A S W R
M O D S S A C O E I I B W
A R I D R O N N E O B A C Y
R K A R I O R R R E T F O I
Y E A L T N L C K N B R C
L D S S T O G A S O I N K T
E P U N O N G T N G B O K O
B E G D B N B N O D N O L R
O O I R O I O T N N T A I
N A O G E R L N B C T K A
E H M A R S T P A N C R A S
C S R A R F K C A L B C F
R C R D L O R A S N N A L D
```

129

```
E O D E H F G O D L L U B R
U L D U S C H N A U Z E R C
U Z S N O G U T E T F U O B
R K T L U H H H O A C R O
Y O L X S O P X I K H E X
E I M H P L H H G E A I V E
E A C E E S O Y R R N H E R
J A C K R U S S E L L U I O
D O E H N A E A R O A R D
N N L D N A N O T L G H T A
P U G U N T M L D T O U E R
P N A T A M L A D E A R B
S H E E P D O G N N I H R D A
O L B P O I N T E R H I R L E
```

130

```
M E W T N C D S N O N R A N
O O L A H D T N M E A A U A
W W A A L U T O A A A N R N
N T A D C I R W R G D C O M
E U C C M O A R N E I R R
A S A O T G Y S A O A O
I S L E E T N W E C A D B O
N M M T E N B I L S A E O D
S N I T U O O C N S L H R M
N U A S S S W O T G E R
E L I H E M A O C Y H C A T
U G S N S C E U N Y S G L H
G U E C U U L D C E C Y C
U S S A U H H S L T R E S L
```

131

```
C R J V R H H F S G A E
E E O Q E L C T E M D E
S L C H A N B I R J S
T A I M G F P A O C T
A I E M E A V M U R E S
P T B B H T L L R R N A
F D B U S H E T E P N
O T Y A C O K T O A F S
O C A C R M O N R N E P
T H E R M R H S Y A R D
U C O E A V E R N Q U T
P T P A S C A L S E T O
```

132

```
Y B G U R C A N O E I N G A
H L L A B T O O F L S Y R G
A Y S W O B G L G M G O N
N E T B A L L A N N A N W I
D K G C G B G O A R O I L
B C L V U Y T S P F N C N G
A O R I E N T E E R I N G N
L H C I L S G K U O E U A
L G L M O S I C S S C F I R
T O D S O S I O V D A A N B
V A G R S K A T I N G B L W
B C C E D N U I V I D Y K S
M A R A T H O N T W N L N C
L D S F S A J A V E L I N N
```

Solutions 133–144

133
```
K N A I Y M L H C J E I
R I G T A Y S A S Z F K
W N N R E E R B G L R L
H N O A Z G R E K E P
L I C G J I R S Z J N W
Y N A N T M C E E A C H
B S N N A O I N C P H S
A N A N Z N A . . A T
H K D Z D B R H K N A K
U Z I G E D C R E L R
I E A W M A L T E S E U
Z N N A I T P Y G E N T
```

134
```
G N I R M I E H N E K C O H
O R A C H M N U H U R S A U
E S E S A Z O E O G G N U N
I M I I O T O B I R U N M G
C A S L K R A P T R E B L A
G H O V H U L B M I P O R
Z A A P R E R U U O E N Z O
S P M A H C R O G N A R F R
A I I N K G B S N A Y A F I
N N R A R U E H T C L A M N
E E I C P Z T A O E O G G
B U N D A C N U C A N E I G
R G R N A O R K S Z N E B O
I G I A H G N A H S B M R
```

135
```
S E B L C Y L S H R N E
F K D S I S R H U A O D
A R G A G B I N C B I I
L T M I F N B R S B T E
N O B T H F I I T I C I
S T C H O C O L A T E C
R C E Y S S S D K K R B
B M G N L U N S I C R O
G R G F N I S O U L U E
S R S D T O M B E S S D
R E A H R G B A S K E T
I Y I C D K G K F S R J
```

136
```
N B L P P A W H A G E I U A
D I E S T Y N A B O W A I N
O H A L Y W R E S D D N G G
A L F W I H M N P Y M P R H
Y R H P O A R Y I L I W A A
A O T E D B R P N C A D D R
R C R H B H A E A M D D G E
T A A T F D T L I T O N D
H A P H P O Y R E L E B R D
L R A H F W D W O W U W W I
W I S C E O Y D A O G N U U
Y Y Y N H H A Y W G T H D H
S Y H R P A D D Y F F H R G
M O R G A N T H E O L D H D
```

137
```
G U R T E O Y A E O E D A M
C L I N T E A S T W O O D O
R O B E R T D O W N E Y J R
C O P B R A D P I T T O O S
H O T P S E C Y O U H L R K
D C O A R K G M R N D B Y N
O D G P C D C D N I C C E A
G E E I M R N Y R C S N O H
S A L G U O D L E A H C I M
O G D I R E Y L G P H A O O
O A S R P H N S R I C C L T
C E D P L Y Y E R R A C M J
R O B I N W I L L I A M S R
Y E N O O L C E G R O E G H
```

138
```
S I I R E W G L R B L F L P
E K L P T H R E E B E A R S
E S C C I O D E O S Z B R
O M S O E N B C D L N R I A
S L S G L O O E W C U Y G L
C T H T L I A C E C P G B L
N E A F E D D C C H A O A E
I I N S T P H L W H R D D R
P E S R E A S T O A I M W E
N R E D R I D I N G H O O D
N H L M G E U E S I M T L N
D W I C K E D W I T C H F I
S N O W W H I T E P E E E C
G W R N H E D R A E A R G O
```

139
```
B P R R A T D F X E R X
A P M A C E F E E E O B
M E X N L B C H T B T E
R R R S U T R E R R A G
P B R O I M M A E T R I
P L O A C O E D K A E R
I R R N H G N L D E L E
T E T C N E K I A S E M
R D A O F E A G I R C R
N T A S L T T H B H C N
R O O D O M E B T E A R
A I A R E P M U B F O D
```

140
```
L A N T I E S N O A N R
U M C T A T F F E S F A
E S S U A L C A T N A S
A S D R A C E O M O T I
N T E K E S C G G U E
T U E E R K S H N T L E
T F E Y K C S U A E Y
R F F N M N E A I R L N
E I G E S L U K R O C K
E N I T N E M E L C S H
T G S N S T N E S E R P
U E N C G G N I D D U P
```

141
```
E O B S T E T R I C S O D P
O P T D S C I R T A I R E G
G Y A A E I E T C R O S N I
G Y R T T R R E O D C C T M
Y E D T H G M G R I I I M
S G R O A D I A T O Y D S U
T Y O O P L E T I R E T N
I G A L N G H O I O R A R O
C O D R O T R C G G L P Y L
D O A E Y R D L H S T H G G
I C A D S E E A O G P T Y Y
O N E U R O S U R G E R Y A
A O O P T O M E T R Y O S L
```

142
```
Y H S U D O K U C U R R H
S C P H I T O R I E B R
F R M U S E O A D C A D
I A E R T S Z O L T T U
T E S P S H A A O A T K
W S I W A L G R M N L O
O D O D R U L I G E D
R R W R N K C O L L S U
D O O Z A A N S O E H C
E W I K O S H D Y S I L
H T N I R Y B A L K P A
K N I L R E H T I L S C
```

143
```
N U E E I R S B O A S S
T I S P A T R O C L U S
C C N O R I H S S E I
I A E L S I C S A S A
T R R E B L A I B E S A
R U I N L C M O U Y E
L S S E Y R N L D O D T
E O S P A E C E S E O H
C T S N L Y M L I L C I
O O H E C T O R E L S A
S I H N L A L S L H O O
A E E L A Y E U U A P P
```

144
```
E L O F D L E I F E H S L
I E E C E A S T A N G L I A
R N O A R N D R E U A N B R
O U F M S O E F O R C S P C
R R E B O D M R O O B O N M
H B D R U E O C I D R L A N
W R I T T B N N T I O H R B
O A N D H F T F I S T G D E K
G D B G A R F M S N U O R C
S F U E M O O I N X R D I
A O R O P U R T D F T D E W
L R G F B T E O R H A E R
G D H H O O E R A O A M N A
R O O G N I D A E R U C L W
```

145

```
H N O I N A P M O C A Y
L L U P E S O Y H T L B
P O O M K S G U O L E I
A E P A C O M R A D E C
F H R T P C A M O M O N
S I D E K I C K S N R S
T R E H N A B U S A Y B
O R V R E T R O P P U S
S U O C E R P B D R I
M C L H L T U A D M R O
R N E S O E D Y P C P E
E F B U O C D N E I R F
```

146

```
T M A I H B H N P Q B N I C
M C M M R A R U N E P S M M
B H A M P I O I G S U E O N
E Q S O U I S M M A C N R
E U T E N A H M A H J O N G
C H E Q U E R S O R M N H E
S I R R O M S N E M E N I N
G I M Q L E O V A C E L H
A H I L H S E G U T T C A O
A N N C C R K D L I E T O Q
D R D A S C O R G O D F A G
G T U I A Y L O P O N O M B
I N T B G O H E E T T U I M
R C L M O S T H G U A R D S
```

147

```
T M A C F L A P J A C K
R A E T H C I R W R D D
B C K I D L A B I R A G
E A A E V I T S E G I D
K R C L N G D F E I J E P
A O A F B B B A N A K E R
C O F A R W G R R T T E
T N F E R E K C A R C T
A D A E R B T R O H S Z
O D J N O B R U O B O E
T F U C T O Z T A M T L
K T N E K A C T R O H S
```

148

```
M E M M S I L A N U M M O C
Q U A N G O C R A C Y R R N
M I M P E R I A L I S M A P
H E X A R C H Y C S Y R
A T R I O O A A L H N H N
I C L H T V R T R P R Y I
O I U T O Q A O O T I A R S
C A N M C G E T A A C A A O
R P E R R R A R R A H M N C
A Y A I A T G C A P C T N
C C U C C H H H N G A T Y A
Y Q Y I Y Y M U C C Y H E C
S S D T E C H N O C R A C Y
```

149

```
G A M P L E N D D U N I
I U R E N L O I R E K L
O V E C Z U E E M U E T
M D P H R E B A B I N S
S L E O L U N A E M U R
U O R N O N L E G M H
E I N A V A G U A D O I
O N D N I E S T E R O N
D M R D P E N S A V A E
A A A Z S I T U S B B
A U V A G L O V E R V L
G L A R U P I O O S E E
```

150

```
G N I L A E T N E R B I
K R A W H T U O S R N N
I E E N F I E L D E G O
N T W E O H H W G T G T
G S E O N T A D G Y S T
S N M Y L W R N T E L U
T I I I W S E T N A S
O M S N O L N C M K M H
N T H D S R G U H C B S
C S F I A G E T O A E O
R E T B N O Y S W H T I
N W A N D S W O R T H A
```

151

```
N A L N S G V O H E A A
A A R E I U R I B E U Y
A H S A L L T L D P B T
V L A T C G R T Y D Z M
A D U E L A A E K D F P
N R E I E G R E M M A L
E A E S C P S A R N L E
T Z I S T H E C O C O
I Z A O R O D N O C O A
K U E E B R A E N C N T
R B L B C R A O E A L R
Y O Y L K W A H S O G S
```

152

```
D H O G H A A L A A H M
O C D A E I I N T T M
A L N N L R V N E I E
I E A E I T B A R O N
T O H E L L C A R I T
R P G O E A A N U H N
O A N O M E D S E D L T
P T C Y N A E C O E E I
T R D U T E R A G R A M
P A R I Y E R D U A A A
L S I N A I N I V A L O
E C V O D E J U L I E T
```

153

```
A O I E D G A R S F A L L O
P D O U B L E R A I N B O W
A A N G A A L G C F R B G R
C N K A D A E U C T I O S I
H C E E P D M A O H D T F C
E I O D G I U H G A W K K
B N L N I B N N N R L N M R
O G L N N N O X W A K E I O
Y B Y I A H G A Z D M E R L
B A U S P N R N R E O U R L
S B C K I S S H I D E D N I
G Y L S K U Y T D E G N A N
E P N I I O C N N V I A S G
B C D O A O L I C O A P T K
```

154

```
M A G L M H S I F D E E R R
R E D N A T S D A E H U E S
A O C I C H L I D S A Q K C
S E H E I F Q B U T A A U
B P R E H S T F L I C N E P
O N T F C N T C S H A U M
R G E L H W A D A J E P O O
A O O O N N R R A G T L S R
R U R L A S O L A N F E A C
T R G O D D C T E A J C H B
E A U N Y F H S H P S O E I
T M Q R F H G N O H I L I
E I O W C C H S T F T A C D
A G I E A D M S H A L D D I
```

155

```
I R R E T H G I F O R U E R
E M E S S E R S C H M I T T
A E N Y R O N G N A T S U M
O M A O I O R A G G P F E
T P C O A F V G O M G I S I
M H I R D Y T O E H M T U M
H R D Y O C H C G M F O E
H S R E B A H C G A U I E S
R B U A E T G E G I G R E E
E E H E G L R A F M R E P B
M L E E O E T F L N B W R S
E L O T O R N A D O P N E A
E E B W D E R Y U R N N E A
H T V S E O I A A T G E W T
```

156

```
N Y N G A L E R A S R V
Y M A U N A L O A A A E
L O W W A E N M K O S
R P N N U A T T A U U
A O A N T O L T S N R A V
G A Z R R S T U O A K I
O E K E Z E M E J A U
N N N A S M B R O I R S
G I J U F O S R R M K T
O S N E L E H T S A R T
S M I I T R E D U E T I
G A G N O A N U F A I N
```

Solutions 157-168

157

```
E P F R D A L C T F W A
R Z E N I H K E L A
O W R T S K A C E B K C
K O K C R C S N I O A N
Z I Y K S O H A A T S A
N T N K I A S E L V P L
L O I M S O E I R I A B
K P N N A S V V A N R A
M A V O I R A M O N O P
E L E U W E K P O I V A
V O P R A K T P S K U C
A V E O V O L S Y M S O
```

158

```
J S P I N N I N G T O P
C A S L I N K Y R U I L
C A C I A U U A O C L E
L P R K D S I Q K S L D
S L K D I N T U Y Z A O
O D L L S N P I Z O B M
L E P E L S T U C L Y U
D L T A T S P H D I C I
I A J I G S A W E Z N O
E L C B K W J I C B U E
R K P C C S R A C Y O T
S L L O D S J R N S B X
```

159

```
O S I P A A I N S D D O
T U O I Q I A S E I E N
A E S M O S N M O S O E
S I T S E U E N S H T U
S Y E R R T Y I D I O S
R H A D E S M M D Y E A
D A I R U E D O P O I P
A M U S T A R E H T N O
S E M R E H O O S E H L
O O A N P P A E S O S L
T R S A N E H T A H I O
Y H E P T H I I S E E O
```

160

```
O N U F F O E S U O H S E E
Y O U R E B E A U T I F U L
S E Y R O V E E S E A E E P
D E I W E B O T N R O B D O
A E R P N T G L E E L E U E
U M N I N A R I L E O O J P
O A U A G A W A B E Y L Y N
Y H A D L D C A T O E Y E O
E C G E L Y N I T S F F H M
S A O G B N N E R E E E I M
I M W A A U S N T E R R B O
A R E W B O A T E S M L I C
R A S E L H B D N P E A O F
P K T C M A B L E B O W O O
```

161

```
H L A T T E N B O R O U G H
N O S N I K R A P A D D E D
P F O S T S S P N O R T O N
S A R L C A D O E R O O M N
V I X H H H N N E Z T N A R
O H S M M V O D O L A M D S
R L T P A H M F D G R D E O
R I A Y R N D O C E E I L Y
A F R M S E N D E C H E E
L R K A H R N R K E L L Y R
E X E L N O G O I E D I F
R P Y L F V S F E V A N S N
L M S E D N O S K R A L C I
L I F B R B A A L O G Y I W
```

162

```
O N U C L E A R L G S A
B B F A B L L S A U E O
I L O U C O E S G M H E
A C O O G R N S L N F F
A N H I A T L A E O C N
N O Y L G E G M V I F H
L I D N U P N O A S D U
U S R F C D N I W U O G
I S O L N N I B B F L D
U G N B D D A L R U C
B F E F L A U W T B U T
E O N C U E B E C D L T
```

163

```
B N K H A F A V U C X L
O D O M A S T N A H U O
B A O C E S S N N X A O
A R C V D S S B E R E H
N D G V E O S E M L V U
R A T L A R B I G N O D
A N K T D O C T R N T F S
B E R I N G C J N A L O
K L G I U O O A O O N N
S L G X S H R A L N E H
D E O A O T D I R A S B
S S U R O H P S O B M O
```

164

```
A S C S P A I C E E O A
N E F N E N R E L A H E
E P B T S S U U R B N T
T C D R E N N I D V T N
E T D T E C T E A O G O
N R L N H A S R V S A O
L C F A S S K T E E K N
S U P P E R U F T C L R
G F B R U N C H A T V E
N E T N N S G N T S E T
O V N E K S E S U T F
R T V T H R T R I H C A
```

165

```
O R E T H G U A D F A R
A M E T N U A I S N A C
U U G H N I S U O C I N
D M O T T G E B N E L E
I E H A H O H C A C N P
I L I R R E M A E N L H
G F L N E D R D W I D E
W F A T H E R I N L A W
O R E H T A F D N A R G
S O D S O E N E U L R H
S N I W R A R R L G A G
S S R A B U D T H S A W
```

166

```
C M S S A N E U T O H C
G U A H R L O S A E T Y
O O S G E P A P A S N C
F C R C E L C O C O A L
D U U A M N L M G B R A
A P C O L C T P N H A M
K H N H O E E A I C M E
C H N O S R T D K N A N
G U D C S K O C E K M
N K I I O S A U O R N C
K H A N H E S R H F E O
N N E N E C D H S R N H
```

167

```
S W M T E E R T S D N O B O
W U S S O R C G N I R A H C
E S C T O N N X P R S R H T
S S O R C S G N I R A K H E
T E Y H I H S E L S N R L E
M D E N C G N A L C A O T R
I E N R W R D U E P E E R T
N R T R U H A R N H A D T S
S U G G S Y E D E R N G E
T S A M T E L E T N R N G
E A R S A R B P R B X L P D
R R O N G O C L P S R O H O
M T E E R T S N E R R A W O
I O N N O T S U E R H T M G
```

168

```
R W U W R K K N H L D A
U W S U A S S L S O K L
G O H F K O H E W P S O
T R O W E L E E W P R E
E R E W O L B F A E L K
K A P W E P B D L R A V
R B L D O O E K K S S G
P L G P S M N E R H L U
G E S W F I N L B O R W
R E N U R P F W V V K L
H H E P S H B E A E R L
S W S V W R S R A L H O
```

Solutions 169-180

169
```
S E L N E C E O V I C T O R
B R E T C I D E N E B N E E
I O E E A P E I L S A A E T
R D O H S T H E J B I I N R
R O D H S E S L R A R R T E
F E A N U T V U N R V D C C
Y H D V I E E E D Y A H O
I T E N S C T P R G F H E N
J E E T A L H L H I R T D N
U N E L T X O O N E E N D I
L R E E S S E O L N N U S N
I L R D A L B L U A P H S E
U T S E N I T N A T S N O C
S Y L N A G R E G O R Y V J
```

170
```
E E L L A W N R O C I E
E I C H A M P S H I R E
D I L W I L T S H I R E
L E E Y O R K S H I R E
N S V Y C H E S H I R E
R O E G E R D S A L U R
H M L N N R P H S O T Y
I E A O O O R A S N L R
T R N F R V T U E D A W
B S D H I E A K S O N D
W E S T M I D L A N D S
B T B H E N P A O E N S
```

171
```
U S K U L L C A P O O D
A D B A D L N W O R C S
E R E K L A T S R E E D
B A A L R B Y U E L L D
B Z D V F E D O R A L N
F I E E S L O B B E L
R W K F Y A L W M W A L
U I C D W B T R O R O N
C D O T S E L O S B I C
B O C I R C P I R A T E
L R O E R C P S R A A O
E D B E R O L E E T K L
```

172
```
C S L A E S S G V R R L
N A I R D A H A A H B J
A I L L L I H U L L J T
J C I V E S V U E B N
A L A R G E I E E A F A
R A S S J U T S I R U I
T U A U T S L P O G H T
E D J V T T U A U T A I
T I B E R I U S S D T M
S U I L L E T I V I R O
A S S U O U N A A A I D
T U E O S L B N R R H R
```

173
```
B R B L A C K P O O L S Z S
C R Z B S A A Z N A G H A R
A O O R G E V M G N H B
N M N H A A U A R U A L T D
N G A E H A R O O N E O U C
E O T H Y B D R M A S S O B
S L O N A O A Y E L M U
L D M T N B S B D T C E E O
C C S E R R D L U O Z D N U
M O B A I R A N A C N A R G
C A C S N S O R A N R T U E
A S T T R O P E Z R D S O E
B T S I G E R R O N G R O B
M O N T E C A R L O B C P T
```

174
```
J F Z Z A J G Z O U L I
A U O C S I D F L G F A
N S N C O F I I Q U U L
O I H G U P N S N L N U
T O C A L Y P S O D K G
D N E O P E R A Y E U
N E T U L I T R A N C E
A J I N D L T G O K O C
G E G R U N G E N N G U
E E B L U E S U O H J O
K Z Z O R N P L L E P S
Y A C G Y A M B I E N T
```

175
```
T G A B B R E P I O O P
W A T U I T A M D T O T
D C C K F P B A W R E B
F M O U C E F L A N B D
R I Y A R O R R I M O R
E O R A S T L B B N R A
N P T E P R A C I S D O
B M A C F C U I E E R B
R D B N G N I T N I A P
B K L P C W T I A M W U
T T E P S E A H A M R C
G I K T E L C H I F W T
```

176
```
O R T C O L I Z A R D R
A U G H Z L L R N A B P
R E K I Z F B T G G S
F N T C P G H B O I T B
S I O K U A H T R R E I
M I R E T D E H T E E O
A T R N G E S N O G G L
H A A A K I C E I D M I
A O P A F U P G S U K H
N G R A B B I T E B G G
H A M S T E R R E F R E
P T G T E I Z G E B O I
```

177
```
G A D V E N T I T I O U S I
C A V E R N I C O L O U S S
U E R A U T O E C I O U S U
S F T N N R A A S R O A A O
S V A I E A L U E N N B P I
U A T C A T O T E S S S A G
O R S G E V V T T F T R I
I T O H S T O F E C B E E L
N E S E N I I N E S D M C E
E V A E R B T O A R E I I T
S C G E E I E S U O O O O I
R R T I O A A E I S I U U T
A R F S U U T T C U O S S S N
A F S U O L I H P O M E N A
```

178
```
T O A A I Y D A W S O N S S
S L R I D S E I N F E L D Y
N I T R A M L D L B D N L D
O N A G I L L I M O M L O E
T H S V L W A W E O I M J
R A M A R I C M A N N I N G
E N M O Y E D O N F D F A S
M S D N R H G N O I S I A K
N S H O E T C R M E O U C S
H U M P H R I E S L S N O N O
I L E R U A L M L D C T E I
S A L L E N D R E N M E R B
O S B A R K E R A R I O F O
A R E E V E S H N R U G E N
```

179
```
O J C A M E R O N L E R
R E H C T A H T O M N C
I G C G T L W N O A I H
A R N T R R O H H C W A
L O L A R S S G H D D M
S E O L A A U H O L B
E G D L L R T R N A E
I D W G L C I A G A B R
L Y U A H U U M M L F L
A O G Q O D O C D I A
D L L S R U O F L A B I
B L A I R D R O J A M N
```

180
```
N M R E S A L D W Y C H
I B U O H K K N B L R M
V A L E L I O Y E P U B
S N N A C I B R A B C D
B S C O N Y V L N A I A
R A Q I A O L I M L B D
A V M L R A I O E Y L E
C O M E D Y S T O R E L
D Y V I L V L C A B B P
Y O U N G V I C C N O H
O M G A R R I C K C L I
K O N S M Y I M A Y G M
```

Solutions 181-192

181
```
I H F N Y Y C S L R T I L L
T E H A B E R D E E N T I I
Y A E S R T D T E T S N V E
D T A A E N S S D H R H E I
B H I H S E B E S D S L R H
L R G C H T T O B L T C P G
N O I C N S M M R S P A O R
N W N S N O D I A O T L O U
A A E A T P D C D H U M L B
M N T I N O W N F L R G N N
N S A O W E L G O R A U H I
V D T N N N C I R L N N D D
H U M B E R S I D E E H D E
L D M A H G N I M R I B R S
```

182
```
L N R U E N T H E T L S
E O I T L O E P M P S E
A G Y W V I T A L I T Y
A D S D O T V R X N L T
M N A T I R S E O V I T
Y A I P M E K W L P O H
N P E M P X G Q O E Y S P
T U P T A E P P U D H A
Z T M A S T T P R T T O
E E N T H U S I A S M W
T G A C T I V I T Y I S
E A Y L G E N M G E D U
```

183
```
P T N L K E T A O E Q A
A E O I T N L K L C K K
N N G O L I N T H D C R
E H A C N P A R R E T
S D R U K M M A M U G D
I Y D S G E Z C C I T R
O E O L L I B S K W A H
T M D E L I D O C O R C
R R O T A G I L L A B T
O N M I A E E K G E R V
T H O R N Y D E V I L E
L E K A N S R W K O O O
```

184
```
E S U O M I G U A N A H A
M G A L L I R O G C N H
O O D N N L G U G T T O
B R N T M E T R I O E W
E F A K N N W D R P A A
A H A B E O E T A A T W
A N A A B Y O J F M E T
F O P M A Y L A F A R U
B I L O S L T G E L O A
G L M E L T R U T L A D
E L L O M R E A A N O T
T M Y G A U C R E G I T
```

185
```
C R E P L R A Y O P R O
C O E H O A S E V C C S
Y A A D F R B C D A T W
S S U O E T K A U U R U
R T H L C W U R O P T G
H P K P I N S R A P A B
S O S T O F P O K M E M
I T T R K S L T M E L E
L A M B S S V Q F A Y L
S T U F F I N G W K C C
S O S I C H I C K E N I
N B H Y I L O C C O R B
```

186
```
U M O V B G E I S D L F
O G F I R E P U S L O D
B B Q P I S T P E S Y E
A S U A E M T G M T O V
E C A C F A A A P O V S
C O R S B L L G A A M T
M V T L A L O T I P S U
U A O O P E Y C R Y E R S
I Q O L O E R M S O E
D V S F P Y I E O E A X
E T A G F A N F O L D E
M T F P L L E T T E R F
```

187
```
B P P I N T E R F A C E W R
E R E S U R F A C E T O C M
I E E S R O H E C A R R C A
E F F E F T C A B K U B A I
C A E N E A L R P S E R N
Y C O C F P E L T R C R B B
C E A L E C A A T A P R O R
N T A R A C C H L F O E N A
E O X E E P A C A F K A C
C F E C A L P N O M M O C E
A C C N A E R O S P A C E C
J B A C K S P A C E D J O A
D F E L B A E C A R T N U E
A L U F E C A R G O S I D S
```

188
```
S U R S O E P A N T R Y
R C A M R P H V Y T R O
S E M A G M B O D A T S
A N D P I Q A Y R R N C
B E D R O O M B D L H O
A H D R A R I N I U S C
I C F L T C R O D T D
C T F O L I H E I U S
B I U I C A T V B N D S
I K A A D B H K I I D
Y R O T A V R E S N O C
D O Y R C A R I D G G I
```

189
```
S K O D B A C T I A V I
L G B E K O W F G P P I
F A A T R K W R W V C N
E R E R O C E L R P P A O
V L Y P F H A A I P K O
E I D I S O R E L E E P
I C R A N P R L F T T S
S P M E L G I M A I I S
O R N S E R P L A P N E
A E E A G I P A O R E K
K S A U C E P A N I G E
R S O U I E V W V W W L
```

190
```
S L S R S H H E H E T H W C
F N B H E H E T E T M H W H
C C I L A M C H H H E E H A
T H E W A T E R B E A R E R
H N C R T H H I A A A R R M
E C E T H E S C O R P I O N
H H S D H S H I H C T H O R
T D L T I E U T F H T P S N
H E R E A A S S E E T A H I
I E W I B G M C T R H H T N
S T A T A O R E A U B T T T
L C L H R A E E H L H N H T
R U H T B T L E E T E A T T
T H E B U L L H T T S S H L
```

191
```
C Y O I D E N T I T Y V
F E N C E E D D C A T
T K C R A M H S O I N L
T T F H D H S S O I I I
V D C T B C O R R I T P
B I P V O A N S A E S
B U R G L A R A L A R M
S H U T T E R S E Q O E
N U L I G E T S R C O
S F O N M T I N S L F K
K B I A O V E S N T S K
C F C P A S S W O R D S
```

192
```
N R U O I V A H E B O N
P A N D E M O N I U M I
E E L R H P F L P Y E G
L S Y T O T L L E L H
P L A P E N P U P S N T
I A A E G R A E D S N L
L R U L H N P D E O I
T L A T N E M A D N U F
G L Y I Y H R D T T I E
Y H P A R G O C S I D E
R A Y L L A U T C A V L
E O M C T E S A E L P E
```

Solutions 193–201

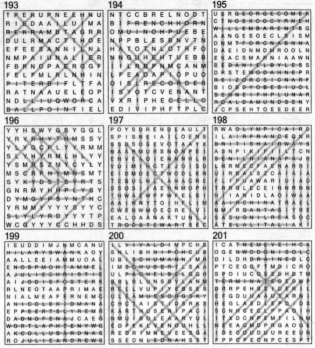

See more great puzzle books at
www.mombooks.com